GERÊNCIA
DE PREÇOS
como ferramenta de marketing

Roberto Assef

GERÊNCIA
DE PREÇOS
como ferramenta de marketing

3ª Edição Revista e Atualizada

© 2011, Elsevier Editora Ltda.

Copidesque: Ivone Teixeira

Editoração eletrônica: DTPhoenix Editorial

Revisão gráfica: Luana Medina Machado

Elsevier Editora Ltda.
Conhecimento sem Fronteiras
Rua Sete de Setembro, 111 – 16º andar
20050-006 – Centro – Rio de Janeiro – RJ – Brasil

Rua Quintana, 753 – 8º andar
04569-011 – Brooklin – São Paulo – SP

Serviço de Atendimento ao Cliente
0800-0265340
sac@elsevier.com.br

ISBN: 978-85-352-4031-3

Nota: Muito zelo e técnica foram empregados na edição desta obra. No entanto, podem ocorrer erros de digitação, impressão ou dúvida conceitual. Em qualquer das hipóteses, solicitamos a comunicação ao nosso Serviço de Atendimento ao Cliente, para que possamos esclarecer ou encaminhar a questão.
Nem a editora nem o autor assumem qualquer responsabilidade por eventuais danos ou perdas a pessoas ou bens, originados do uso desta publicação.

CIP-Brasil. Catalogação-na-fonte.
Sindicato Nacional dos Editores de Livros, RJ

A863g
3.ed.
	Assef, Roberto
	    Gerência de preços: como ferramenta de marketing / Roberto Assef. — 3.ed. — Rio de Janeiro: Elsevier, 2011.
	
	    ISBN 978-85-352-4031-3
	
	    1. Preços — Determinação. 2. Pequenas e médias empresas — Administração. 3. Marketing. I. Título.

	CDD: 658.816
10-5752	CDU: 658.8.031

Obrigado por adquirir o livro

Gerência de preços, 3ª edição

Nesta página você tem o código de acesso on-line e gratuito a:

• Planilhas

QUEM QUER SABER AINDA MAIS, CONSULTA!

Risque o adesivo com cuidado! Não use objetos pontiagudos. Se possível, utilize uma extremidade ásstica (em vez de uma moeda) e não risque com muita força a fim de evitar danificar o código de identificação.

ervação importante: a compra deste livro inclui acesso materiais complementares on-line para uso exclusivo do comprador. Essa licença e esse acesso funcionam apenas para um usuário por código de acesso. compartilhamento de senhas é rigorosamente proibido e qualquer tentativa dessa natureza invalidará a senha. O acesso não pode ser compartilhado, revendido ou divulgado e será encerrado quando a próxima edição deste livro for lançada.

Os detalhes completos e os termos de uso estão disponíveis no momento do registro, e o acesso estará sujeito à aceitação dos termos de uso.

ATENÇÃO! O livro não poderá ser devolvido se o adesivo estiver danificado. Não use objetos pontiagudos.

ASSEF

material complementar on-line será constantemente atualizado.

Dedicatória

Escrever um livro é sem dúvida um exercício de perseverança, paciência e, acima de tudo, muita paixão. Particularmente, sou apaixonado pelo tema que escolhi.

Gostaria de dedicar este livro a algumas das minhas grandes paixões, que, de alguma maneira, contribuíram para que ele fosse possível:

Odete, minha mãe, por toda a sua generosidade e amor, e Elias, meu pai, que conheci tão pouco, mas que tanto me influenciou (ambos em memória).

Minha mulher Lola, pelos 25 anos de casamento, amor e paixão.

Meus filhos, Gabriel e Caio, por tudo o que representa ser pai.

Meus irmãos Nelson (meu segundo pai) e Lenita (grande incentivadora).

Meu grande amigo Ezequiel, pelo caráter e personalidade admiráveis.

Por último, por falar em paixão, não poderia esquecer a que me persegue há 53 anos, nem sempre correspondida, mas que marca profundamente minha vida: o Santos Futebol Clube, de glórias mil!

Apresentação

Esta terceira edição, revista e ampliada, destina-se a estudantes dos cursos de graduação — nos quais o tema formação de preços é um apêndice do módulo de custos — e pós-graduação, bem como a profissionais e gestores envolvidos com a atividade de precificação em suas empresas.

O livro tem início com a explicação de alguns conceitos financeiros fundamentais que serão utilizados ao longo de todos os capítulos. Essa conceituação faz-se necessária porque, como veremos adiante, é bastante comum a utilização de indicadores com significados incorretos. Além disso, como existem mercados com comportamentos de preços totalmente diferentes, mostramos como as empresas que podem estabelecer seus preços de modo mais livre obtêm resultados superiores em relação àquelas em que o preço é fortemente amarrado às forças do mercado.

Uma segunda etapa apresenta os aspectos mercadológicos que cercam o estabelecimento das políticas de preços das empresas. Para tanto, além de ligar tais estratégias aos possíveis níveis de margens auferidas, são apresentados diversos exemplos de empresas atuantes no Brasil, a fim de consolidar mais facilmente os conceitos explicados.

Ciclo de vida dos produtos, fatores internos às empresas, fatores externos, critérios de definição de preços com ênfase em um modelo de quantificação do valor percebido pelo consumidor, além de conceitos mais recentes, como *revenue management* (gestão de receita), serão explicitados e detalhados.

Esses dois últimos aspectos, que podem ser identificados como as mais recentes novidades na área da precificação, receberam maior destaque e atualização nesta edição.

Outro ponto que merece destaque especial é a avaliação dos mecanismos que geram as chamadas "guerras de preços", suas consequências para os resultados das empresas e maneiras de abreviar seus efeitos.

Não poderíamos deixar de citar os efeitos da internet sobre os preços, fato que alarma muitas empresas diante da possibilidade de canibalização das margens, advinda da rápida comparabilidade proporcionada.

Em um país em que a carga tributária é elevadíssima e pouco assimilada, faz-se necessário apresentar os principais tributos, características e relevância na formação dos preços de venda. Como novidade em relação às edições anteriores, incluí o tratamento da Substituição Tributária do ICMS, que tem "tirado o sono" de muitos gestores de preços.

A seguir, vamos enfocar explicitamente os aspectos financeiros que cercam a precificação, tais como as naturezas dos custos e os principais métodos de custeio.

Pelo fato de a bibliografia sobre contabilidade de custos ser extremamente vasta e de grande qualidade, procurei apresentar os tópicos de maneira mais prática, sem a preocupação de reescrever os principais conceitos contábeis. Na verdade, maior ênfase é dada aos aspectos de competitividade proporcionada pelos diferentes métodos de custeio.

Explicações sobre outros conceitos financeiros básicos, como o ponto de equilíbrio operacional, a avaliação do efeito dos prazos de pagamento sobre as margens e a alavancagem operacional, serão fundamentais para a compreensão do assunto.

A análise de resultado de um produto não pode prescindir da avaliação de seu capital de giro e, para tanto, apresentamos um modelo que retrata as consequências para as empresas tomadoras de caixa. A apresentação de alguns modelos de precificação, com as planilhas acessíveis via internet, ajudará na compreensão da metodologia de formação de preços de atividades diversas.

Como foi mencionado anteriormente, toda a estratégia de precificação deve ser conjugada aos resultados finais da empresa, necessitando ser mensurada. Assim, o final do livro é dedicado aos principais indicadores financeiros empresariais e às respectivas interfaces com os níveis de preços e margens praticados.

Ao final do livro, teremos uma bibliografia recomendada sobre o tópico, com livros, artigos e *sites* na internet, bem como alguns exercícios de fixação. Quando tratarmos dos módulos tributários e financeiros, alguns exercícios poderão ser resolvidos nas planilhas disponibilizadas no conteúdo complementar.[1]

No *site* www.lucre-consultoria.com.br, o leitor poderá acessar a versão demo atualizada do *software* Preço Certo, que possibilita a avaliação dos principais indicadores e conceitos financeiros (margem de contribuição, ponto de equilíbrio operacional, rentabilidade sobre o patrimônio líquido, capital de giro e lucratividade).

---

[1] Em todas as planilhas disponibilizadas no *site*, os campos na cor azul não deverão ser alterados.

Prefácio

Escolher o título de um livro não é tarefa fácil. Temos em mente o que pretendemos mostrar, mas expressar num título curto, que contenha apelo para o consumidor, a enorme quantidade de dados e informações previstas torna-se uma grande dificuldade. *Gerência de preços: como ferramenta de marketing* procura retratar exatamente minha proposta, que é demonstrar como os preços devem ser formulados e os resultados finais mensurados.

Uma das práticas gerenciais mais complexas, em qualquer organização, é definir a sua política de preços de venda. Como se formam os preços? Qual o peso da influência do mercado nessa decisão? Em que medida a empresa pode considerar seus principais atributos, com preços diferenciados em relação à média? Qual posicionamento perseguir, a longo prazo, na linha de produtos?

Essas questões necessitam de diversas avaliações, pesquisas e informações, nem sempre disponíveis no curto prazo. Assim, o "mercado" acaba sendo o principal, talvez o único balizador de preços. Mostrar que, na maioria das vezes, a adoção dessa prática não é coerente com as metas de resultados das empresas é um dos objetivos principais deste livro.

Tema historicamente relegado, em nosso país, a plano secundário — notadamente em função do ambiente inflacionário que perdurou por várias décadas —, cada vez mais a correta elaboração das políticas de preços adquire contornos essenciais para o êxito das organizações.

Apesar de sua relevância, o assunto possui bibliografia bastante escassa na literatura de negócios, sendo normalmente tratado apenas como um capítulo nos livros de contabilidade de custos ou de marketing geral. Parte dessa questão pode ser explicada pelo fato de que, no composto do marketing, o preço é a variável que maior dificuldade acarreta para a análise, por envolver temas muito diversificados, como: finanças, contabilidade, tributos, marketing, comportamento do consumidor, entre outros.

Normalmente, o assunto é tratado de modo estanque, seja pelo lado financeiro ou mercadológico, sem que haja uma complementaridade entre os diversos fatores. Como o aspecto financeiro e contábil é mais facilmente mensurável e disponível às empresas, o enfoque baseado nos custos ou no acompanhamento das práticas da concorrência adquire grande vulto na abordagem de apreçamento.

Dessa forma, a maioria das empresas, independentemente de sua dimensão, estrutura de pessoal alocado ao assunto e segmentos de atuação, segue princípios idênticos calcados nos conceitos de contabilidade de custos ou no acompanhamento dos preços praticados pelos concorrentes diretos.

Evidentemente, tanto os custos internos quanto os preços de mercado devem ser considerados na elaboração dos preços, mas não exclusivamente, e muito menos combinados, sem uma avaliação mais abrangente dos valores percebidos pelos consumidores, em relação aos produtos e serviços ofertados.

Kevin Klancy, renomado consultor americano no tema, em artigo de 17 de junho de 1998, publicado na revista *Exame* sob o título "Você sabe cobrar o preço certo?", constatou, após consultar 200 grandes empresas americanas, que apenas 8% delas estabelecem seus preços considerando as percepções dos consumidores. "Das 92% restantes, 47% apostam em seus preços: empregam alguma espécie de estratégia, mas não se baseiam em nenhum tipo de pesquisa. Não se sabe bem por que apenas 4% se dão ao trabalho de fazer pesquisas de apreçamento — mas não fazem qualquer uso delas. As outras 41% não empregam nem estratégia nem pesquisas."

Quantificar esse valor percebido pelo consumidor, apresentando um resumo das mais modernas metodologias de pesquisas em preços, é outro objetivo do livro. É fundamental entender que as estratégias de preços, de curto, médio ou longo prazos, devem ter absoluta correlação com os valores percebidos pelos consumidores.

Evidentemente, aspectos mercadológicos, como participação de mercado, posicionamento de produtos e marcas, entre outros indicadores, vistos isoladamente, não são suficientes para o estabelecimento dos preços, requerendo associação com o componente financeiro. Na maioria dos tópicos, sobretudo mercadológicos, procurei exemplificar situações reais de empresas brasileiras coletadas em artigos de revistas e jornais de negócios, de modo a reforçar os conceitos.

Vale ressaltar que alguns exemplos antigos, utilizados desde a primeira edição, na verdade, no *Manual de gerência de preços*, foram mantidos mesmo transcorridos oito anos. Essas ilustrações são atemporais e poderiam expressar perfeitamente diversas situações atuais. Outros exemplos foram substituídos por casos mais recentes e que mais bem ilustram os objetivos do livro.

Outro objetivo fundamental é apresentar a quantificação dos resultados advindos da política de preços adotada. Para tanto, explicitamos o componente tributário, os métodos de custeio e os diversos indicadores de desempenho utilizados nas empresas. A exemplo de qualquer outro produto, este livro procura criar atributos a serem percebidos pelo leitor, que o diferenciem de alguma forma, agregando-lhe efetivamente valor. O seu preço de venda deve ser encarado como um desses componentes.

Os resultados de vendas e as opiniões e comentários dos leitores serão a resposta definitiva a essa proposição do autor, que ficará torcendo, e muito, para que a leitura do livro seja percebida como um bom investimento, recuperável ao longo do tempo!

Sumário

1

■ ■ ■ ■ ■

Conceitos fundamentais

No prefácio deste livro, enumerei alguns motivos para escrevê-lo. É realmente bastante disseminada a ideia de que o preço de venda, de modo geral, é formado exclusivamente ou com grande ênfase nos aspectos de custo ou concorrência.

Não há dúvida de que os custos internos e os preços praticados pelos demais participantes do mercado são de fundamental importância para as estratégias das empresas. No entanto, dependendo do tipo de mercado de que façam parte, essa importância é relativizada, conforme veremos adiante. Para iniciar essa demonstração, é necessário que unifiquemos alguns conceitos financeiros básicos e tradicionais que são utilizados em sentidos, muitas vezes, equivocados.

1.1 Lucratividade

O primeiro conceito financeiro fundamental é o de **lucratividade**, que pode ser expresso da seguinte maneira:

Lucratividade = (lucro líquido/receita líquida) × 100

Imagine uma empresa que, no final do ano corrente, tenha apresentado os resultados, bastante simplificados, apresentados na Tabela 1.1:

Tabela 1.1 Resultados de uma empresa (em milhões de reais)

Resultados	Porcentagem (%)
Receita bruta	100
Impostos	(15)
Receita líquida	85
Custo da mercadoria vendida	(40)
Lucro bruto	45
(–) Despesas administrativas	(30)
(–) Despesas financeiras	(5)
Lucro antes do IR/CSLL	10
IR/CSLL	(3,4)
Lucro líquido	6,6

Essa empresa tem, no final do ano, uma lucratividade de 7,8%. A questão é identificar se esse valor é bom, ruim ou médio. A resposta é: depende!

Sim, depende de vários fatores, como, por exemplo, da lucratividade das demais empresas desse segmento, do capital empregado nessa atividade, das perspectivas para o setor, da sua lucratividade histórica etc.

Antes de mais nada, é necessário entender que a lucratividade auferida é derivada, também, da política de preços adotada porque, evidentemente, esses preços são os responsáveis pelos níveis de receita bruta.

Outro detalhe fundamental que extraímos da fórmula é que a lucratividade é um indicador da empresa, e não do produto ou serviço, visto que os custos fixos e os impostos sobre os lucros são gerados pelo conjunto de operações da empresa e não pelo produto (custos fixos associados, no exemplo, às despesas administrativas e financeiras).

Vejamos, na Tabela 1.2, qual a lucratividade percentual auferida pelas mil maiores empresas em atuação no Brasil, nos últimos cinco anos, exceto o segmento financeiro e estatal (dados calculados a partir de valores em reais do ano respectivo).

O primeiro dado que chama a atenção é a baixa lucratividade da mediana dos setores, o que retrata um acirramento generalizado da concorrência, o efeito cambial e a grande dificuldade de repassar aos preços

Tabela 1.2 Lucratividade: porcentagem média das mil maiores empresas do Brasil

Segmento	2009	2008	2007	2006	2005
Comércio varejista	2,3	1,9	2,7	0,4	2,2
Têxtil, couro e vestuário	8,4	3,5	5,5	1,5	5,3
Eletroeletrônico	5,1	3,6	7,3	3,9	4,3
Petróleo (Petrobras)	21,9	22,6	17,4	21,8	22,2
Agricultura	3,1	4,5	3,2	3,3	3,0
Mineração	35,6	51,5	64,5	55,5	9,2
Mediana geral	10,8	9,0	11,2	10,1	9,9

Fonte: Revista *Valor 1000*.

o aumento de custos. Quando analisamos os segmentos, encontramos algumas variações significativas em relação à mediana.

Dentre os setores da Tabela 1.2, o único que participa de uma concorrência perfeita, em que os preços são ditados pelas leis da oferta e da demanda, definidos em bolsas de mercadorias internacionais, é a agricultura. Verifique que a lucratividade se manteve relativamente constante, em patamares reduzidos. Como explicar esses valores?

O setor caracteriza-se pelos seguintes fatores principais:

* Nenhum produtor consegue impor o preço;
* Novos entrantes são rotineiros, e os custos unitários de produção são declinantes;
* Os produtos não têm qualquer diferenciação de valor, classificando-se como verdadeiras *commodities*;
* Os preços são definidos, definitivamente, pelas leis de mercado (oferta e procura).

Em mercados de **concorrência perfeita**, alterações significativas nos resultados das empresas são relativamente comuns, dependendo de oscilações nas curvas de oferta e demanda.

Em contraposição à concorrência perfeita, encontramos o segmento **monopolista**, que é representado, normalmente, por empresas estatais. Na Tabela 1.2, a Petrobras representa um monopólio em que, como se vê, a lucratividade atinge um patamar elevado. Essa lógica nem sempre é verdadeira quando mencionamos empresas estatais que têm seus preços definidos, inúmeras vezes, por critérios políticos e macroeconômicos de controle inflacionário.

Ainda entre os segmentos citados, temos a mineração, caracterizada por um oligopólio internacional, com poucos ofertantes e resultados, na maioria das vezes superiores aos demais. O período analisado foi particularmente bastante favorável ao setor pela enorme demanda, sobretudo dos chineses.

Deve-se notar que a identificação do tipo de mercado não é exclusivamente dada pelo número de empresas, mas pelo grau de concentração do setor, ou seja, a participação de mercado acumulada pelos principais participantes. Os resultados explicam-se facilmente pelo estabelecimento, entre outras práticas, de preços em patamares mais elevados, com reajustes reais acima da inflação. Essa prática é ainda mais favorecida quando o mercado tem características cartelizantes, ou seja, os preços e as outras condições são definidos através de práticas em que o lado da demanda tem poder de barganha sensivelmente menor.

Finalmente, nas empresas que participam de mercados ditos de **concorrência monopolista**, os produtos e serviços ofertados tendem a ser muito parecidos entre si, mas com distinção específica a cada ofertante, em variáveis do tipo, marca, localização, preço, serviços etc.

As demais atividades pertencem a mercados de concorrência monopolista e têm resultados bastante reduzidos, nos últimos anos. É evidente que a capacidade das empresas de estabelecer preços a seu bel prazer, nesses mercados, é extremamente reduzida, vistas a enorme possibilidade de comparação entre os diversos itens e a participação de mercado normalmente baixa de cada um, em virtude da pulverização de ofertantes.

A grande maioria dos negócios se inclui nesse tipo de mercado, que tem como característica básica a grande concorrência de preços entre os participantes, até porque são poucos os fatores de diferenciação importantes percebidos pelos consumidores.

1.2 Rentabilidade

O segundo conceito fundamental é a **rentabilidade**, calculada conforme a seguir:

> Rentabilidade = (lucro líquido/patrimônio líquido) × 100

O lucro líquido é o mesmo calculado no início do capítulo, ou seja, R$ 6,6 milhões, e o patrimônio líquido é o valor resultante do capital integralizado pelos acionistas e seus lucros posteriores não distribuídos, mas reinvestidos no negócio.

Assim, imagine possuir R$ 500 mil a serem investidos, com recursos próprios, em uma atividade de franquia de uma rede de *fast-food*. O capital alocado ao projeto é o seu patrimônio líquido inicial, que será investido em máquinas, imóvel, estoque, caixa e bancos, taxa do franqueador, ou seja, contas diversas do ativo circulante e imobilizado. Temos, então:

Patrimônio líquido inicial = R$ 500 mil

Suponha que, ao final do ano corrente, sua empresa obtenha um lucro líquido de R$ 50 mil e que esse valor tenha duas destinações distintas: R$ 25 mil serão distribuídos aos acionistas, pessoas físicas, como dividendos, e os R$ 25 mil restantes serão reinvestidos na franquia, aumentando sua capitalização. Teremos, então, no início do segundo ano, um patrimônio líquido de R$ 525 mil. Esse dado é extremamente significativo, pois um dos principais objetivos da política de preços de qualquer empresa é maximizar o retorno sobre o patrimônio líquido, ou a sua rentabilidade.

Novamente, a partir das possibilidades de estabelecer preços, de acordo com os mercados em que a empresa se situa, verifique o ocorrido com as mil maiores empresas do Brasil, nos últimos cinco anos (Tabela 1.3).

As constatações acerca dos resultados explicados para as respectivas lucratividades permanecem válidas.

Como se vê, comparando os dados de dois setores, a mineração, embora tenha sentido profundamente a crise de 2008/2009, nos anos anteriores, definitivamente, não confirma a máxima de que quem forma o preço é o mercado; ao contrário, o setor de eletroeletrônicos, que passou por um processo enorme de canibalização de margens, no início dos anos 2000, quando produtos como televisores e videocassetes praticamente deixaram de apresentar diferenças percebidas pelos consumidores que pudessem ser expressas por meio de majoração ou até manutenção de preços. As empresas, além de reduzirem drasticamente seus

Tabela 1.3 Rentabilidade: porcentagem média das mil maiores empresas do Brasil

Segmento	2009	2008	2007	2006	2005
Comércio varejista	10,6	9,00	10,5	3,4	7,6
Têxtil, couro e vestuário	11,7	7,00	9,00	3,7	8,3
Eletroeletrônico	13,4	10,5	18,7	9,8	11,3
Petróleo (Petrobras)	17,9	25,3	19,0	26,2	29,1
Agricultura	9,7	16,7	12,5	10,8	11,4
Mineração	11,8	21,1	35,9	38,2	45,9
Mediana geral	14,9	13,9	16,8	15,3	16,3

Fonte: Revista Valor 1000.

custos fixos, partiram para o desenvolvimento de novas tecnologias, que proporcionaram aumento no valor agregado e preços mais compatíveis com os investimentos realizados. Some-se a esse fato o efeito cambial, pois grande parte dos insumos é importada, e as oscilações do câmbio podem gerar efeitos ora positivos, ora desastrosos, face à enorme dificuldade de majorar preços ao varejo, cada vez mais concentrado e absoluto nas negociações com a indústria.

Os dois indicadores, lucratividade e rentabilidade, referem-se às empresas como um todo, sendo, a princípio, não associáveis a produtos e serviços isoladamente. Para analisar o resultado destes últimos, normalmente são utilizados os conceitos de ***mark-up*** ou **fator de marcação**, ou **remarcação** e **margem de contribuição**. Vamos iniciar pelo *mark-up* que, sem dúvida, é o conceito mais largamente utilizado, notadamente no segmento comercial.

Suponha um varejista que comercialize sapatos. Sua precificação, normalmente, é feita conforme a seguir:

Custo da mercadoria = R$ 50
Fator *mark-up* = 2
Preço de venda = R$ 100

Algumas perguntas podem ser extraídas desse quadro, e a primeira é: por que fator 2? A segunda: qual o resultado da empresa com tal metodologia de preços? A terceira seria se esse é um bom método ou o mais apropriado, ou, ainda, quando devemos utilizá-lo. Sou obrigado a devolver a primeira questão sem resposta, pois esse fator é totalmente aleatório, sendo proveniente de experiências passadas que talvez tenham sido bem-sucedidas. A explicação mais comum é que o mercado trabalha com esse fator e devemos acompanhá-lo. Quando se age assim, os demais atributos do produto, tangíveis e intangíveis, são abandonados, e as empresas perdem oportunidades de maximizar suas margens.

Basta questionar, por exemplo, se fatores como atendimento ao cliente, planos de financiamento, localização da loja e sua acessibilidade, sortimento de produtos etc. não são componentes identificados pelo cliente como diferenciadores e, portanto, passíveis de mensuração de preços em relação aos demais concorrentes. Só para exemplificar esse ponto, lembro que, há alguns anos, o setor moveleiro, à base de madeira, estabelecia seus preços a partir do custo do material e o multiplicava pelo fator 7, e o segmento de confecções tradicionalmente utilizava um fator próximo de 3.

Em 21 de fevereiro de 1999, o jornal *O Globo* publicou, no caderno "Boa Chance", matéria com o título "Margem alta e competitividade baixa: males do pequeno varejo", apresentando resultados de uma pesquisa realizada pelo IBGE, em que as micro e pequenas empresas do varejo brasileiro utilizavam margem de comercialização que, segundo a matéria, considera os custos fixos, somados à tributação e à margem de lucro, de 49% e 39%, respectivamente, sobre os custos das mercadorias. Pode-se depreender do texto que tais valores representariam os respectivos *mark-ups*, calculados a partir dos custos das mercadorias adquiridas.

É evidente que o acirramento da concorrência tende a levar esse *mark-up* a níveis constantemente mais baixos e isso nos ajuda a responder à segunda questão. Certamente, esse mecanismo não permite avaliar apropriadamente os resultados potenciais e futuros. Para tanto, imagine uma empresa que revenda seus produtos em todo o país, com *mark-ups* iguais, sem contemplar os efeitos das alterações de alíquotas de ICMS interestaduais. Essa lógica vale tanto para o vendedor quanto para o comprador, em função dos diferentes níveis de crédito do imposto.

Ademais, esse indicador não permite uma avaliação mais precisa dos lucros, visto que trabalha apenas com uma parcela do custo direto ou variável. Essa constatação é válida também quando as empresas utilizam outras parcelas de custo para multiplicá-las pelo fator adotado.

Eu diria, sem medo de errar, que o mecanismo resolve apenas o problema do vendedor e do comprador que necessitam de um preço de referência para a transação comercial. Entretanto, o empresário fica completamente desguarnecido em termos gerenciais, por não saber o resultado final que será apurado com a metodologia.

Creio que a terceira questão já está respondida, não é mesmo?

1.3 Margem de contribuição

Finalmente, o último conceito introdutório, fundamental para a análise dos resultados dos produtos e serviços, é a **margem de contribuição**.

Suponha a mesma empresa citada, que comercializa sapatos, desejando formar seu preço ou identificar a margem resultante do preço praticado. Para tanto, utilizará a margem de contribuição que, conceitualmente, é indicada por:

> Margem de contribuição =
> preço de venda – custos e despesas variáveis

> % Margem de contribuição =
> (margem de contribuição/preço de venda) × 100

Vale ressaltar que custos e despesas variáveis são aqueles que oscilam de acordo com a produção e/ou o faturamento. Assim, se determinado sapato tem custo de aquisição de R$ 50, iremos computá-lo, além dos demais custos que incidem sobre essa venda, ou seja: impostos, comissões de vendas, custo da administração do cartão de crédito, enfim, todos os que dependem diretamente da operação de compra e venda para identificar a contribuição de cada item para o pagamento ou diluição dos custos fixos e resultados finais da empresa. No Capítulo 8, voltaremos ao assunto.

Dependendo do método de custeamento utilizado (ver Capítulos 9, 10 e 11), a margem de contribuição é o melhor indicador de desempenho de um produto, pois não agrega parcelas de custo fixo ou indireto, de difícil ou impossível mensuração a cada objeto, além de permitir um sem-número de avaliações e simulações do portfólio de itens.

Na edição de 8 de agosto de 2001, a revista *Exame* publicou matéria intitulada "A esfiha na UTI", em que são apresentados alguns procedimentos adotados pela Habib's, rede de *fast-food* de produtos populares, no sentido de preservar e monitorar os resultados de seus franqueados. No texto fica definido que a empresa adota um procedimento de "internação na UTI" para os franqueados que não atingirem 15% de **rentabilidade** mensal, ou seja, é desenvolvido um acompanhamento geral das operações até que se atinja o índice almejado. Creio que haja, como normalmente ocorre, um equívoco de conceituação, como foi visto anteriormente, pois logo após é indicado certo franqueado que teria obtido apenas 7% de **lucratividade** em período mensal recente.

O intuito, ao apresentar esse exemplo, é apenas elucidativo sobre os conceitos abordados, sem qualquer intenção crítica ao artigo, aliás bastante interessante.

Esta introdução é de compreensão fundamental, pois nos capítulos seguintes associarei as estratégias e os posicionamentos aos níveis de margem de contribuição correspondentes, já que, em uma política de preços bem elaborada, todas as variáveis mercadológicas e financeiras devem estar correlacionadas.

2

Aspectos mercadológicos: ciclo de vida do produto

Alguns conceitos mercadológicos são essenciais para a definição de uma correta estratégia de precificação.

Os preços fazem parte do composto de marketing, como um dos conhecidos quatro Ps (pês). Nenhuma estratégia empresarial pode prescindir de uma política de preços, que deve ser harmônica com os demais Ps: produto, propaganda e praça.

Os preços se baseiam em diversas variáveis, entre as quais: a percepção do consumidor, as questões internas de posicionamento da empresa no mercado, a interligação com os outros componentes do *mix* de marketing, os custos a serem cobertos e a metodologia para associá-los a cada produto, os fatores externos principais, como tipo de mercado em que a empresa se insere e os efeitos das práticas comerciais dos concorrentes sobre os volumes de vendas.

Minha intenção, como exposto inicialmente, é apresentar os grandes conceitos, associando-os à nossa realidade. Evidentemente, boa parte dos temas já foi desenvolvida em outros livros. O assunto "preços", assim como os demais aspectos mercadológicos, tem como referência básica e obrigatória o autor Philip Kotler. Assim, sem pretender reinventar a roda, utilizarei alguns conceitos e nomenclaturas tradicionais descritos por Kotler, com ilustrações e exemplificações de empresas brasileiras. Outros temas são bem recentes em bibliografias internacionais e, tenho certeza, de grande interesse e aplicabilidade para o leitor.

2.1 Ciclo de vida

Assunto superdebatido em livros de marketing, nossa preocupação neste livro é exclusivamente relacionada ao preço e suas vicissitudes ao longo dos diversos estágios por que passa um produto, ou seja, durante seu **ciclo de vida** (note que, sempre que mencionamos "produto", a análise também se estende aos serviços).

Além disso, como se comportam as margens de contribuição, quais as estratégias mais válidas em cada estágio?

Todo produto atravessa, de modo muitas vezes não bem definido, quatro estágios em seu ciclo de vida: Introdução (I), Crescimento (C), Maturidade (M) e Declínio (D). Vale ressaltar que podemos incluir um quinto estágio, normalmente não mencionado quando se aborda o assunto, que é o do Desenvolvimento ou Pré-introdutório. Na verdade, esse estágio é pouco mencionado porque, evidentemente, não existem receitas e quantidades vendidas, e consequentemente ficamos sem instrumento de avaliação das estratégias.

Entretanto, em precificação, esse estágio é importantíssimo, pois pressupõe criação, desenvolvimento e lançamento de um produto que deverá conter todos os atributos valorizados pelo consumidor, como o preço de venda com seu peso relativo. Lembre-se de que o preço de venda, preferivelmente durante seu ciclo previsto, deverá ter seus valores avaliados nessa fase e monitorados ao longo do tempo.

Podemos, mais claramente, dizer que um produto mal definido, inclusive em relação ao seu preço de venda, dificilmente obterá sucesso nos estágios subsequentes. Há um conceito muito interessante em custos, que é o **custeio do ciclo de vida total** (CCVT) de um produto que, nas palavras de Kaplan, trata-se de um:

> [...] sistema de custeio que fornece informação para os gerentes entenderem e administrarem os custos por meio de estágios de projeto, de desenvolvimento, de fabricação, de comercialização, de distribuição, de manutenção, de serviços e da entrega de um produto.[1]

---

[1] Kaplan, Robert S. *Contabilidade gerencial*. São Paulo: Atlas, 2000, p. 676.

Grande parte dos custos de um produto é definida antes mesmo de sua elaboração física, pois foram determinados pelo processo produtivo adotado, além das futuras estratégias comerciais e de distribuição. As reduções de custos tornam-se bastante difíceis, pois requerem alterações básicas no processo produtivo e comercial.

Caso o custo seja definido de modo equivocado, sem atender às expectativas dos consumidores, muito provavelmente o produto não atingirá, com sucesso, as fases posteriores do ciclo de vida. No Gráfico 2.1, podemos visualizar melhor os estágios do ciclo de vida de um produto.

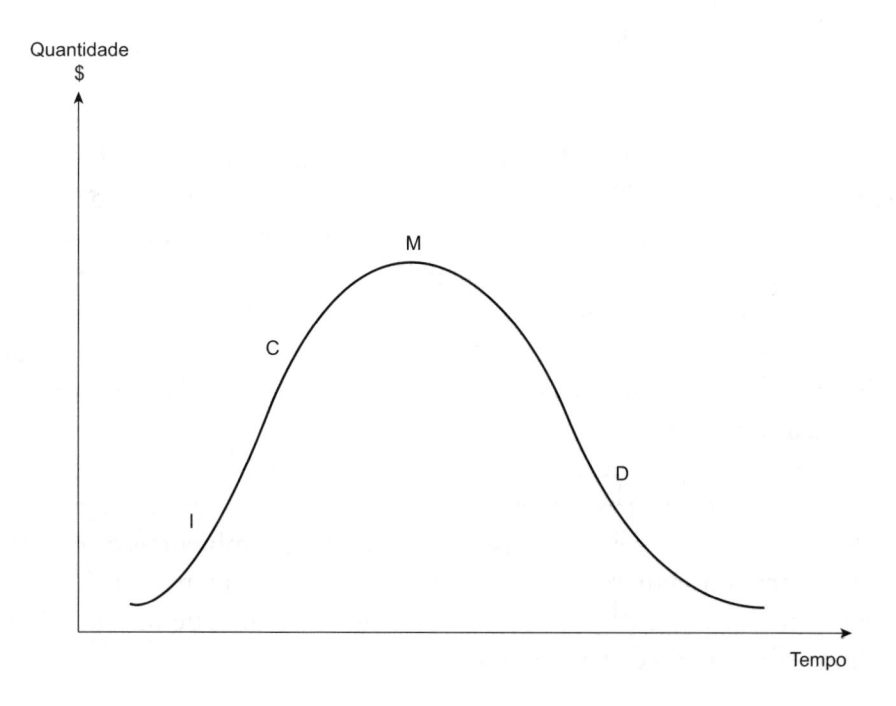

Gráfico 2.1 Ciclo de vida do produto.

2.1.1 Introdução (I)

O primeiro estágio produtivo é o de Introdução.

Evidentemente, os volumes de vendas são mínimos, pois presumimos uma nova tecnologia, imaginamos que a concorrência ainda seja praticamente inexistente. Os preços de venda são voltados para recuperar parte dos investimentos realizados e tendem a ser máximos, em relação aos demais estágios do próprio produto, acima de tudo porque é muito mais apropriado, mercadologicamente, um processo de paulatina redução de preços, à medida que o mercado cresce, em vez de acréscimos de valores, normalmente vistos pelos consumidores como exploração.

Em resumo, podemos inferir que, na maioria esmagadora das vezes, a lógica de preços na Introdução é de:

> Margem de contribuição unitária: elevada +
> Margem de contribuição total: baixa

O Globo publicou em 11 de dezembro de 2001 uma matéria intitulada "Novo preço de DVD para mercado de aluguel de fitas preocupa locadoras", em que mostrava a estratégia de preços adotada pela Fox Film do Brasil, para o DVD do filme *X-Men*, com custo de R$ 69, que representava o dobro do preço usual. Evidentemente, como a demanda era muito grande, de baixa elasticidade, a empresa procurou reaver boa parte de seus investimentos nessa ocasião, sabedora de que, por se tratar de um modismo, o produto deveria ter curto ciclo de vida e seus preços declinariam abruptamente.

Como exemplos de atividades em fase introdutória, podemos mencionar, entre outras, as cervejarias artesanais, alguns serviços ligados à internet, produtos e serviços associados a fatores ambientais e ecológicos. Vencida a etapa introdutória, fato que normalmente não ocorre, pois a maior parte dos produtos lançados não consegue ultrapassá-la, atinge-se o estágio de Crescimento.

2.1.2 Crescimento (C)

Voltando ao Gráfico 2.1, percebemos que o volume de vendas cresce, assim como as receitas. Evidentemente, o fato de esse produto ser até então vitorioso, em termos volumétricos, desperta a atenção de concorrentes, que tenderão a desenvolver similares, frequentemente lançados a preços inferiores, gerando um movimento contínuo de redução real de preços no setor. Com isso, podemos inferir (até porque o conceito do custeio do ciclo de vida permanece válido) que nesse estágio tendemos a verificar:

> Margem de contribuição unitária: elevada –
> Margem de contribuição total: elevada –

Provavelmente, em algum nível desse estágio, o produto já atingiu seu *pay back*, considerados todos os investimentos e as despesas iniciais e posteriores, necessários ao seu desenvolvimento e crescimento. Esse nível dependerá fortemente das margens de contribuição totais auferidas.

Cuidado especial deve ser dedicado aos mercados de rápida mutação tecnológica. Muitas vezes, empresas líderes em determinado segmento, que já venceram a fase de Introdução, em função de modificação técnica importante, podem perder, de um momento para o outro, grandes fatias de mercado. Foi o que ocorreu, por exemplo, com a Motorola. Em 17 de novembro de 1999, a revista *Exame*, na matéria "Alô, tem alguém aí?", mostrou que a empresa perdeu 50% do mercado de aparelhos telefônicos celulares, caindo de 80% para 30%. O fato mais marcante para essa queda vertiginosa foi a migração do mercado consumidor da tecnologia analógica para a digital, sem que a empresa estivesse preparada para isso. O atraso na implementação da nova tecnologia foi fatal para a participação de mercado da Motorola. Mais grave ainda é que grande parte dos produtos migrou rapidamente para o estágio de Declínio, em que as margens são, muitas vezes, negativas.

Dentre os itens em crescimento, podemos destacar: cursos de pós-graduação, telefonia celular, TV a cabo, *netbooks* e cirurgias plásticas.

2.1.3 Maturidade (M)

Suponha agora que seu produto seja um vencedor e tenha atingido a fase máxima: a Maturidade. Como se vê, os volumes são os maiores; provavelmente, em um segmento industrial, o número de ofertantes se estabilizou, pois as margens unitárias tendem a diminuir, não havendo espaço lucrativo para novos entrantes. Nesse processo evolutivo, exceto em mercados oligopolizados ou cartelizados, as margens unitárias sofreram queda, às vezes significativa, pois a força da concorrência induz a um processo contínuo de adequação dos preços, e os custos variáveis, mesmo com o aumento da produtividade, têm pouca flexibilidade de redução unitária.

Podemos, resumidamente, afirmar:

> Margem de contribuição unitária: média
> Margem de contribuição total: elevada +

Participam de mercados maduros alguns produtos, como cervejas tradicionais, automóveis movidos a gasolina, cimento etc.

2.1.4 Declínio (D)

Para concluir a descrição dos ciclos atravessados por um produto, observe o Gráfico 2.2, que apresenta a evolução do número de aparelhos de radiochamada em uso no Brasil, comumente denominados *pagers*, em milhares de aparelhos, no período de 1994 a 2000.

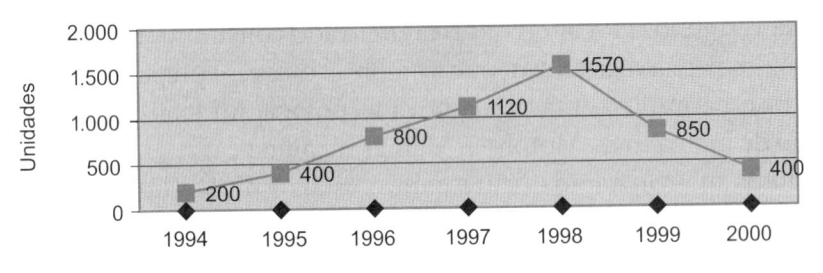

Gráfico 2.2 Ciclo de vida dos *pagers* no Brasil.

Há um acentuado declínio na utilização, a partir de 1999, quando os aparelhos celulares entraram com toda força. É evidente que o movimento declinante de vendas é acompanhado por redução acentuada nos preços do produto. Estamos retratando as características básicas de um negócio em declínio, em que, na grande maioria das situações, temos:

> Margem de contribuição unitária: baixa ou negativa
> Margem de contribuição total: baixa

Não estranhe a margem de contribuição negativa nessa fase, principalmente quando for o final dos dias do produto/serviço porque não deveremos estar preocupados com a reposição de estoques desse artigo, muito menos com a margem proporcionada. Estaremos preocupados com a possibilidade de fazer caixa para alavancar produtos que demandam investimentos, notadamente aqueles em fase de Introdução ou Crescimento.

Quando temos produtos em fase declinante, devemos, sempre que possível, procurar alternativas para a sua preservação ou reposicionamento. Ainda em relação ao setor de *pagers*, é muito interessante notar que as empresas descobriram um novo nicho de mercado para suas operações. A *Gazeta Mercantil*, de 25 de agosto de 2001, publicou matéria com o título "Empresas de *pagers* se revigoram com segurança de automóveis", em que mostra a migração da antiga finalidade do aparelho para uma nova, associada à questão da segurança veicular. As empresas desenvolveram um bloqueador, instalado no interior do veículo, com um *pager* embutido. Em caso de roubo ou furto, o proprietário comunica-se com a central, que dispara um comando para o aparelho, interrompendo a passagem de gasolina. Assim, parte das receitas até então geradas pelos *pagers*, para comunicação pessoal, passou a ser obtida de forma totalmente diversa.

Na indústria farmacêutica, essa possibilidade também é viável. É razoavelmente comum os laboratórios identificarem finalidades diferentes para remédios ou princípios ativos em franco processo declinante. Com isso, os produtos e preços passam a participar de novos mercados, inserindo-se na lógica das margens correspondentes.

Concluindo, é interessante notar que em algumas ocasiões o processo de declínio pode gerar majoração nos preços, segundo uma lógica totalmente inversa. Veja o que ocorreu com os toca-discos. Em 29/10/09, a revista *Exame* publicou em seu portal a matéria "A volta do vinil", que mencionava:

> Em resposta a esse ressurgimento do som analógico, a indústria de equipamentos de som vem apresentando versões para o século 21 dos toca-discos. Durante boa parte dos anos 80 e 90, a tecnologia desse produto simplesmente hibernou e ele era visto com mais frequência nas mãos de DJs do que nos equipamentos de som domésticos. Agora, a coisa mudou. Agulhas de ouro, *dock* para gravação das músicas direto para um iPod e

feixe de *laser* para ler os sulcos das bolachas estão entre os acessórios disponíveis nessa nova geração de vitrolas. Os preços podem superar os 500 mil reais.

A tecnologia voltou-se para um nicho de consumidores que não consideram o preço um atributo importante; ao contrário, eles consideram a preservação de seus hábitos como o fator decisivo para a compra. O produto se tornou uma raridade, e o preço "explodiu". Em resumo, nos diversos estágios do ciclo de vida de um produto, temos as características mostradas no Quadro 2.1.

Quadro 2.1 Ciclo de vida do produto: características principais

Estágio	Introdução	Crescimento	Maturidade	Declínio
Vendas	Baixas	Crescentes	Estáveis	Baixas
Margens unitárias	Elevadas +	Elevadas –	Médias	Baixas ou negativas
Margem total	Baixa	Elevada –	Elevada +	Baixa
Participantes	Poucos	Crescendo	Decrescendo	Poucos
Gastos em publicidade	Altos	Altos	De acordo com a concorrência	Baixos ou zero

Entender o estágio do ciclo de vida em que o produto se encontra é obrigação do analista de preços, pois só assim ele poderá explorar toda a sua capacidade de geração de margem de contribuição. Essa análise pode ser feita por meio de gráficos evolutivos de vendas, tal como o apresentado no exemplo dos *pagers*.

3

Aspectos mercadológicos: fatores internos

3.1 Posicionamento

Todas as empresas possuem fatores internos às suas organizações que devem ser levados em consideração nas políticas de preços. O primeiro deles é o **posicionamento** estratégico desejado para o produto. É fundamental lembrar que a variável "preço" é componente de um grande *mix* de marketing, e as políticas e estratégias devem estar correlacionadas entre si.

Um dos posicionamentos encontrados é a **sobrevivência**. A própria denominação indica que os preços devem estar voltados para a manutenção das operações da empresa; assim, o que mais interessa é "fazer caixa", sem grandes avaliações das margens auferidas.

Essa estratégia de sobrevivência pode ser momentânea, pontual, e estar refletida, por exemplo, em práticas de grandes liquidações para adaptação dos estoques a produtos sazonais, como no setor de vestuário ou nos grandes magazines, no final do ano, para a desova de estoque ocioso. Em junho de 1998, as Lojas Americanas promoveram a maior liquidação de sua história, com descontos de até 77% para 50 mil itens. O jornal *O Globo*, na ocasião, mencionou que um CD de Emílio Santiago sofreu uma redução de R$ 16,90 para R$ 3,90. O diretor das lojas assim se expressou: "Hoje temos mais produtos do que o necessário para atender à demanda. Por isso, alguns itens ficam muitos dias no estoque, o que aumenta os custos da empresa. Nossa ideia é retirá-los de venda e, com isso, melhorar a rentabilidade de nossas lojas."

Evidentemente, tal prática não estava associada a um quadro de dificuldades financeiras extremas da empresa, como se percebia por outras práticas e mensagens de mídia.

Quando associada a um processo de acomodação pontual de recursos financeiros, a sobrevivência é bem-vista e deve ser enquadrada como um posicionamento que deverá agregar valor aos acionistas, que farão caixa em detrimento de estoques ociosos.

Entretanto, em muitas oportunidades, essa estratégia é uma das últimas tentativas de manutenção da empresa. Quem atua em pequenas e médias empresas convive periodicamente com essa situação. Os preços são definidos com o intuito de fazer caixa para cumprir compromissos vencidos ou vincendos, sem qualquer abordagem mercadológica adicional. Os consumidores se deparam com constantes alterações de preços, sem que haja um parâmetro lógico para estipulação dos valores.

Um caso célebre de estratégia de sobrevivência de longo prazo, com final trágico, como normalmente ocorre, é o da BRA, empresa aérea. A empresa havia obtido uma capitalização de R$ 150 milhões, com vistas ao seu crescimento, através da aquisição de aeronaves modernas e ajustes administrativos. Entretanto, em função de dívidas passadas, os recursos foram utilizados, basicamente, para sanear o passivo, e o crescimento foi "abandonado", conforme texto do *Valor Econômico*, de 8/11/2007:

> Os cerca de R$ 150 milhões investidos, portanto, foram direcionados a três frentes, conforme previsto em contrato: quitação de dívidas financeiras, dívidas tributárias e capital de giro. O dinheiro não foi usado para fazer a empresa ganhar participação de mercado. O crescimento estava previsto para a segunda etapa do plano de negócios, que incluía a compra de pelo menos 20 jatos da Embraer com dinheiro do BNDES. O contrato da BRA com a fabricante de jatos foi fechado em agosto deste ano.
>
> Segundo fonte que esteve a par de todo o processo, desde o ano passado os fundos deixaram a empresa livre de passivos. Mas, em menos de um ano, a BRA acumulou novamente dívidas entre US$ 90 milhões e US$ 100 milhões, uma vez que a operação aérea era deficitária. O prejuízo mensal variava entre R$ 10 milhões e R$ 15 milhões.
>
> O principal motivo das perdas seria a receita comprimida da BRA, uma vez que ela cobrava tarifas entre 15% e 20% mais baixas do que os bilhetes mais baratos de suas concorrentes — principalmente Gol, TAM e Varig.

O setor aéreo, como um todo, ultrapassou períodos de crise acentuados, nos últimos anos, em função dos atentados nos Estados Unidos, preços dos combustíveis, crescimento das empresas de baixos custos e baixos preços. Para tanto, vários ajustes internos foram e estão sendo realizados, marcados pela redução considerável no número de funcionários e fusões, mas os preços também fazem parte dessa estratégia porque, com a redução da demanda, surge um novo patamar de preços de equilíbrio, em padrões consideravelmente menores. Esse processo não deixou incólumes as empresas brasileiras do setor. Então, assistimos a um número enorme de promoções de preços que tinham por objetivo perpetuar as suas operações.

Do que foi exposto, podemos resumir com a afirmação de que a sobrevivência é uma prática comum a todas as empresas, mas deve ser muito bem monitorada em termos de prazo de execução, pois a sua perpetuidade as leva à derrocada, além de confundir os consumidores, que não conseguem perceber uma política de preços contínua.

Um segundo posicionamento é justamente a antítese do primeiro, quando as empresas buscam maximizar suas margens de curto prazo, e por isso recebe a denominação de **maximização dos lucros**. Em algumas oportunidades, as empresas dispõem de condições especiais para implementar níveis de margens de contribuição máximas. Vejamos um exemplo típico da estratégia, extraído do *Valor* de 28/8/2009, no auge da gripe suína, para concluir quais os pré-requisitos para a sua adoção:

> Nas 50 filiais da Droga 15 no Vale do Paraíba e Mogi das Cruzes, todo o lote de álcool gel que chega às prateleiras das lojas acaba no mesmo dia. 'Só não vendemos mais porque não temos', conta a gerente de suprimentos da Drogaria. Segundo ela, antes da gripe suína, as farmácias da rede vendiam uma média de 200 a 300 unidades por mês e, desde o fim de julho, esse número subiu para 10 mil frascos.
>
> A Droga 15, de acordo com a gerente, compra álcool em gel de três fornecedores diferentes, nas embalagens de 60 ml e 100 ml. Os preços, segundo ela, registraram no último mês um aumento de 10% a 15%, mas toda semana vêm com alteração.

Nada a estranhar, pois em um processo de maximização de lucros o componente preço de venda é de pequena importância para o público-alvo, que vê nos demais atributos — por exemplo, dispor do álcool — um valor muito maior. Assim, podemos dizer que a demanda é praticamente inelástica, pois a relevância do preço é mínima na decisão de compra.

Percebe-se que é uma situação pontual, que não se repete constantemente, portanto com ciclo de vida curto.

Outros negócios também guardam essa característica de maximização, como: brinquedos, *shows* especiais, palestras de pessoas renomadas etc.

A estratégia de maximização não é válida apenas em situações de modismo. A indústria farmacêutica e de química fina, que investe milhões em novos produtos, necessita de garantias de que, após as descobertas, terá um prazo delimitado para recuperar os enormes investimentos. Assim, esses mercados são sujeitos a patentes que, de algum modo, perpetuam durante longo tempo suas margens em patamares elevados, típicos da maximização de lucros.

O Viagra, medicamento da Pfizer, em março de 2001 tornou-se o produto de maior faturamento da indústria farmacêutica nacional. Na ocasião, a caixa do produto custava R$ 56, que certamente refletia muito mais o elevado valor percebido pelos seus demandantes do que os custos de produção ou os preços dos demais concorrentes, com outros princípios ativos.

Vimos dois posicionamentos extremos de precificação. Existem outras possibilidades, dentre elas uma abordagem de preços para conquista de fatias de mercado de modo rápido, a **liderança de participação de mercado**. Nesse posicionamento, os preços são definidos com o intuito de ganhar mercado, via penetração mais rápida. Grande parte dos mercados é suscetível a preços baixos, pois o atributo preço, numa escala média, tem grande relevância nas decisões de compra.

Uma pesquisa do jornal *O Globo*, de 11/3/2007, com mil entrevistados, em São Paulo, Rio de Janeiro, Porto Alegre e Recife, concluiu que 70% consideram o preço importante ou muito importante em suas decisões de compra, de modo geral.

Veja o caso da ASA, empresa sediada em Pernambuco, considerada a "Unilever do Nordeste". O texto a seguir, adaptado da *Exame* de 14/5/2009, mostra como se processa o crescimento de uma marca regional, as reações óbvias dos grandes concorrentes e o dilema pela ocupação de novos espaços, das empresas menos capitalizadas.

A pernambucana ASA se transformou em uma potência regional ao fabricar 250 produtos de dez marcas diferentes. Agora, a empresa tenta conquistar o resto do Brasil com seus artigos de limpeza, alimentos e fraldas descartáveis. Nos últimos sete anos, a empresa multiplicou seu faturamento por 5 — eram 100 milhões de reais em 2001 frente aos 500 milhões registrados no ano passado. De suas três fábricas, localizadas em Pernambuco e na Paraíba, saem 250 produtos como molhos de tomate, detergentes, misturas para bolos e fraldas descartáveis, agrupados sob dez marcas.

Desde a compra da antiga fábrica da Bunge, o criador da empresa investiu cerca de 100 milhões de reais na ampliação e modernização das três unidades fabris da empresa, na Paraíba e em Pernambuco. Criou a linha de produtos de limpeza, de higiene pessoal e de alimentos. Em ritmo acelerado, agregou mais de 200 produtos a seu portfólio — uma média de 30 por ano. **Cada novidade chegava ao mercado com preço até 15% inferior ao dos concorrentes.**

Para manter o ritmo de crescimento dos últimos anos, a ASA terá pela frente grandes desafios. O principal deles é defender o terreno nordestino dos avanços das multinacionais, que têm migrado boa parte de sua produção para os estados da região com o estímulo de generosos incentivos fiscais.

Os planos preveem a expansão da empresa nacionalizando as próprias marcas. Hoje, 30% do faturamento da ASA é proveniente de vendas para outros estados. Crescer mais do que isso, porém, é complicado. Outras empresas, como Friboi e Hypermarcas, buscaram projeção nacional ao lançar produtos de marcas até então desconhecidas nos territórios dominados pelas multinacionais. Depois de um relativo sucesso sustentado por pesados investimentos de marketing, as empresas viram vários de seus lançamentos cair na irrelevância — uma lição que não pode ser desprezada pela Unilever do sertão.

Essa estratégia de ganho de mercado, bastante comum, só tem sentido em mercados consumidores em que o preço é o atributo indiscutivelmente mais importante na decisão de compra. No momento em que se discute cada vez mais a força das marcas para impulsionar e consolidar produtos e suas vendas, essa estratégia dá ênfase especial ao preço, não apresentando a marca como atributo de valor significativo.

O grande risco desse posicionamento está associado à não fidelização do consumidor, já que o risco de ser acompanhado por preços mais baixos dos concorrentes é fatal para as pretensões de ganhar mercado e eternizar os volumes de vendas.

A rede Walmart é sabedora desse fato e monitora diariamente seus concorrentes, de tal forma que a mensagem de preços mais baixos que ela propaga seja sempre verdadeira. Todos os dias a empresa aloca funcionários para fazer o levantamento dos preços dos principais itens, tidos como fundamentais para a imagem de baixos preços. Essa informação é enviada *on-line* para o banco de dados da empresa e, caso necessário, são feitos ajustes nos preços, a fim de torná-los 5% a 10% mais baratos que os da concorrência, de acordo com matéria publicada em "Negócios", na revista *Exame*, em novembro de 2001.

Outro exemplo bastante recente dessa reação é o da Gol Linhas Aéreas, que, para inibir o crescimento da Azul, resolveu reduzir suas tarifas, nos voos para as localidades que a nova empresa passou a realizar, conforme texto do *Valor*, de 2/12/2008:

> Há cerca de dez dias, a passagem mais barata da Gol entre Campinas e Salvador, para embarque no início de dezembro, custava R$ 535. Ontem, no *site*, a empresa anunciava tarifa promocional de R$ 209 para esse trecho. No caso da ligação Campinas–Porto Alegre, o menor preço na semana passada era R$ 329. Na promoção, o voo é anunciado por R$ 129. Os preços mais baixos valem para quem comprar passagens com intervalo de dez dias entre as datas de ida e de volta. A companhia também anunciava promoções em outros trechos que, ao menos por enquanto, não serão operados pela Azul.

É importante frisar que, ao contrário da sobrevivência, o preço baixo não é fruto de uma vulnerabilidade de caixa da empresa, mas uma alternativa para conquistar mercado através do atributo preço.

No exemplo da Gol, é fundamental entender que todo o discurso publicitário esteve ancorado em preços e custos baixos, e, para tanto, seriam dispensadas atividades agregadoras de custos, sem maiores impactos na criação de valor para os clientes. Basta ver as modalidades de reservas, serviço de bordo, sistemas de vendas etc. Entretanto, em nenhum momento a empresa passou uma imagem de dificuldades que pudesse se refletir na confiança do voo, atributo principal de decisão do consumidor.

O quarto posicionamento é bastante distinto do anterior, pois agora as empresas vão buscar a **liderança da qualidade**.

O preço deixa de ser o requisito fundamental na escolha do consumidor, e a qualidade, termo extremamente vago por acomodar enorme número de variáveis, passa a ser o principal critério na decisão de compra.

Algumas empresas buscam enfatizar, em suas mensagens publicitárias, esse conceito e, se o fizerem e conseguirem, o preço mais elevado deve ser a prática adotada. Calibrar esse preço mais alto é sem dúvida a grande dificuldade que as empresas líderes de qualidade enfrentam. Vejamos mais exemplos reais.

O *Valor* de 8/9/2008 mostrou o efeito da majoração de preços praticado pela Diageo, produtora de uísques renomados:

> Poucas empresas podem se dar ao luxo de subir seus preços e, ainda assim, ganhar mais clientes. É o caso da Diageo, fabricante e importadora de uísques de marcas famosas como Johnnie Walker, Buchanan's e White Horse. A subsidiária brasileira da empresa britânica adotou a estratégia de anular descontos e até subir preços acima dos praticados pela concorrência. E deu certo, segundo seu diretor de *marketing*.
>
> No primeiro semestre deste ano, o lucro operacional global da empresa subiu 9%, e as vendas líquidas, 7%. A região da América Latina teve contribuição significativa para o resultado, já que o Brasil é o maior consumidor mundial do uísque Red Label.
>
> 'Mudamos nossa estratégia para dar mais foco à rentabilidade e menos ao volume e isso nos ajudou', diz o diretor. A empresa, segundo ele, parou de dar descontos, subiu preços e em muitos casos posicionou seus produtos em uma categoria acima da dos concorrentes. Essa estratégia, como diz o executivo, deu mais valor à marca.
>
> Neste mercado, preço estabelece credenciais para a marca. 'O consumidor reconhece a qualidade pelo valor do produto', afirma ele, acrescentando que para o ano que vem a Diageo pretende trazer novas marcas para o país, de uísques de 12 anos para cima (de maior preço).

O maior risco encontrado pelas empresas que se propõem a ser líderes de qualidade é o de não terem o valor percebido pelo consumidor, na proporção da diferença de preços praticados, em relação aos demais concorrentes. No exemplo a seguir, bastante antigo, mas sempre atual, a Nestlé enfrentou problemas sérios de precificação no final da década de 1990. Em 17/12/1997, a *Exame* publicou "O cerco aos suíços", mostrando a situação vivida em termos de participação de mercado e preços adotados pela empresa no Brasil.

A empresa acabava de sofrer uma alteração em sua administração e constatou que, apesar do crescimento de suas vendas em unidades, após a introdução do real, efetivamente havia um processo de perda de mercado para outras marcas tidas de excelente qualidade, mas com preços inferiores. A chamada equação preço de venda × qualidade, de difícil mensuração, estava mais do que nunca presente na perda de mercado. Veja o que a *Exame* assinalava:

> O segundo desafio com que se defronta Gonçalves (então presidente da Nestlé) é entender o novo consumidor brasileiro. Esqueça a boa vida do passado. Com a estabilidade econômica, pela primeira vez uma clientela carente de novidades teve a oportunidade de cotejar preços de uma gama extensa de produtos. A cada dia surge uma nova marca nacional ou importada nas prateleiras. Segundo levantamento da consultoria Research, apenas dois de cada dez compradores de iogurte e caldo em caixinha guiam-se exclusivamente pelo critério de qualidade, independentemente de preço. Neste cenário, a dificuldade enfrentada por empresas que, como a Nestlé, atuam com produtos na faixa *premium* é descobrir a equação ideal entre qualidade e preço.
>
> Em bom português, os preços da Nestlé estão altos em relação aos concorrentes. Produtos como sobremesas geladas e biscoitos chegam a custar, respectivamente, 20% e 30% acima do preço médio. 'Tínhamos de manter uma certa estrutura de preços que nos permitisse seguir com a política de qualidade', afirma Gonçalves. A meta é reduzir a diferença para uma margem de 5% a 10%.

Passados dois anos, em 15/12/1999, em outra reportagem sobre a empresa, a *Exame* constatou várias modificações no gerenciamento e, entre elas, a redução dos preços, mantendo diferenças em relação aos demais concorrentes, nos patamares identificados como saudáveis para a conquista de participação de mercado.

O Quadro 3.1 ilustra os principais pontos vistos em relação aos possíveis posicionamentos de preços.

Quadro 3.1 Posicionamentos de preços

Posicionamento	Margem de contribuição unitária	Características básicas	Objetivo principal	Vantagens	Desvantagens
Sobrevivência	Baixíssimas ou negativas	Preços baixos para manter a operação da empresa	Fazer caixa	Permitir a continuidade dos negócios no curto prazo	Criar preços de referência muito baixos. Inviabilizar o negócio no médio prazo
Maximização dos lucros	Elevadíssimas	Estratégia de curto prazo ou para produtos de curto ciclo de vida	Oportunidade para altos lucros	Elevadas margens	Pode criar uma imagem de preços exorbitantes, em produtos de ciclo de vida mais duradouro
Liderança de participação de mercado	Baixas	Preços baixos para conquista de mercado no médio e longo prazos	Ganhar mercado e lucros no longo prazo	Boa estratégia em mercados muito suscetíveis a preços	Não fideliza clientela e pode "sumir", caso sofra concorrência de produtos mais baratos. Pode gerar "guerra de preços"
Liderança da qualidade	Elevadas	Preços mais altos para realçar a qualidade *premium*	Margens elevadas	Fidelização muito maior que nas estratégias anteriores	O risco de não ter o valor percebido na proporção do preço praticado

Outras estratégias de preços, normalmente associadas a novos produtos, também podem ser citadas. Aliás, um dos principais problemas no desenvolvimento e lançamento de um novo produto ou serviço está ligado ao seu preço de venda. Quando tratarmos de preços a partir do valor percebido, essa dificuldade ficará mais sensível. Em mercados em que já preexistam concorrentes, a empresa precisa se posicionar em relação a eles, e o faz, também, por meio dos preços.

Podemos elencar, basicamente, quatro posicionamentos associados a preços de novos produtos e os respectivos níveis de qualidade. O primeiro é o de produto **premium**, muito correlacionado à ideia de liderança da qualidade. Nesse caso, temos um produto tido como superior pelo fabricante que, por isso, o precifica de modo mais elevado. Novamente, o risco é a equação preço × qualidade não ser percebida pelo consumidor.

Quando uma empresa tida como líder de qualidade cria um novo produto, mesmo em uma categoria em que não atuava até então, é bastante usual esse novo item ter seu preço superior aos demais preexistentes. Mesmo não obtendo o volume de vendas que seria possível caso adotasse um preço inferior, o que se procura é realçar a qualidade superior — *premium* — da empresa como um todo.

Quando se enfrenta um concorrente *premium*, uma boa estratégia é a conhecida como **baseada no valor**, estabelecendo um preço inferior ao líder e com qualidade percebida muito próxima do mesmo. Quando pensamos na Coca-Cola, nitidamente *premium*, podemos mencionar a Pepsi-Cola como a marca baseada no valor, com alta qualidade e preços inferiores.

Invariavelmente, a toda marca *premium* correspondem uma ou mais marcas baseadas no valor, muitas vezes do próprio fabricante *premium*, que busca ocupar todos os espectros de preços.

A *Gazeta Mercantil* de 7 de agosto de 2001 publicou pequena nota sob o título "Intel pode cortar preço do Pentium até a metade", a fim de recuperar as vendas perdidas para a Advanced Micro Devices (AMD), principal concorrente da fabricante de *chips*, que saltou de 13% para 21% do mercado, nos dois últimos anos. Qual a estratégia de preços da AMD? Sem dúvida, baseada no valor.

Muitas vezes, essa estratégia pode não ser a melhor, bastando para tal que os preços dos diversos participantes do mercado sejam muito similares, não havendo diferença significativa entre a marca *premium* e as demais. Esse fato pode ser explicado pelas diferentes motivações de compra dos consumidores. Normalmente, nos guiamos pelos vetores da qualidade ou do preço, optando por aquele que mais nos impacta. Quando percebemos diferença significativa entre os extremos (preços mais elevados e mais reduzidos), a alternativa de comprar o produto de preço intermediário e de qualidade elevada é bem-vista. Entretanto, quando os extremos são muito próximos, normalmente optamos por um dos vetores, e a marca intermediária se perde, sem um posicionamento definido em nossa mente.

A Electrolux, empresa do ramo eletroeletrônico, decidiu, pelos fatores expostos anteriormente, abandonar a posição de preços intermediários, optando por manter produtos nas faixas de preços *premium* e de menor valor. Para tanto, utiliza equipes de vendas distintas e manteve a marca Electrolux como única, sem distinção, independentemente dos preços praticados, conforme a HSM Management (dezembro de 2007).

A situação seguinte, na verdade, não pode ser intitulada estratégia, pois acarreta uma péssima visão do consumidor em relação à empresa, a de **preços exorbitantes**. Na verdade, *a priori*, nenhuma empresa adota esse posicionamento, associado a preços elevados, sem contrapartida no produto ofertado. Quer saber se sua empresa está catalogada nesse rol? Então, veja a relação das empresas que mais reclamações recebem dos consumidores no PROCON. Atualmente, as empresas de telefonia são as mais reclamadas, de modo geral, por parte dos clientes, que entendem que os serviços prestados não são compatíveis com os valores pagos. Outros setores líderes de reclamações são processadoras de cartão de crédito, bancos, seguradoras de saúde. Ao mesmo tempo em que esse ponto é visto como extremamente negativo, pode ser entendido como excelente oportunidade para as empresas que souberem usá-lo de modo ativo.

É importante não confundir preço exorbitante com valor elevado porque, se assim fosse, a Ferrari não seria considerada um produto efetivamente *premium*, ou seja, só compram os que podem e gostam, independentemente do preço de venda.

Outra situação em que fica clara a exorbitância, prejudicando enormemente a imagem das marcas e corporações, ocorreu e tornou-se pública em agosto de 2001. A *Gazeta Mercantil*, em 3 de agosto, publicou: "O volume é menor e o preço, igual", retratando uma série de produtos que tiveram modificações nas embalagens, com redução nos volumes ofertados e manutenção dos preços de venda equivalentes aos volumes anteriores.

Finalmente, as empresas que buscam atuar em mercados de baixo poder aquisitivo adotam os chamados preços de **economia**. Segundo essa estratégia, o objetivo é atender à demanda por produtos cuja qualidade não é o principal atributo na decisão de compra. Cada vez mais, vemos marcas até então desconhecidas atuando em posicionamentos de combate às marcas *premium*, nos mais diferentes mercados. Esse fenômeno é relativamente recente no Brasil, mas é predominante e veio para ficar! Com isso, as empresas com marcas líderes de qualidade precisam adaptar-se aos novos patamares de preços estabelecidos.

Matéria muito interessante foi publicada na revista *Exame* de 9/1/2002 sob o título "A invasão das marcas talibãs". No texto, fica evidente a impossibilidade de reajustar preços para equilibrar a redução dos volumes de vendas, visto que o poder decisório passou para o varejo, que define os preços finais.

É importante notar que essa ideia não se choca com um dos objetivos deste livro, que é exatamente mostrar que quem forma o preço é a própria empresa, e não o "mercado", como se costuma dizer. As marcas "talibãs" vieram apenas ocupar um espaço permitido pelas marcas *premium* que não souberam adaptar-se após o Plano Real, estabelecendo condições de acordo com a percepção do consumidor.

Em mercados de concorrência monopolista, ou quase perfeita, como veremos a seguir, o preço é uma das principais variáveis de decisão e, assim, na ausência de fatores diferenciais mais perceptíveis, há um ciclo vicioso de redução de preços por parte dos novos entrantes. Ainda segundo a matéria da *Exame*, as preferências entre os consumidores, em relação aos produtos e seus preços eram as mostradas na Tabela 3.1.

Tabela 3.1 Preferência dos consumidores

Produto	Marca mais cara	Marca mais barata
Limpeza	13%	87%
Bebidas	17%	83%
Alimentos	26%	74%
Higiene	35%	65%

As marcas *premium* têm estratégias distintas para recuperar volumes perdidos para as marcas populares, sem ingressar em guerras de preços predatórias às margens e imagem.

O lançamento de novos produtos, na faixa de preços equivalente, com marcas não associadas à marca principal, é uma das alternativas mais utilizadas. Essa estratégia é interessante, pois recupera parte do volume perdido para as marcas de menor valor; entretanto, retira, também, volume da marca *premium*. Tal procedimento foi adotado pela Kopenhagen, em 2009, quando lançou a marca e o conceito Brasil Cacau, conforme *Exame* de 21/1/2009: "Especializada em vender bombons para consumidores de alta renda, a Kopenhagen criou uma marca de chocolates para a classe C. O desafio agora é fazer com que o novo negócio não canibalize o modelo original."

A Coca-Cola, em outro exemplo bastante interessante, desenvolveu um modelo de vendas alternativo, buscando as camadas mais carentes da população, através de Kombi que percorre bairros populares de Recife, vendendo a R$ 1,89 o litro com vasilhame. Depois, se o cliente quiser recomprar o produto, basta levar a garrafa e pagar R$ 1,39. Um programa de rádio, em emissora popular, anuncia os bairros em que a Kombi irá passar (*Valor*, 19/11/2008).

Algumas marcas consagradas optam por lançar produtos com volumes, preços e margens menores. A Unilever lançou o Rexona em *roll-on* ou aerosol, mais sofisticados que o *spray*. A Danone criou o Danoninho com duas unidades, em vez das oito unidades tradicionais, e estabeleceu o preço de R$ 0,79, em vez de R$ 3,60, da embalagem completa (*Exame*, 22/6/2005).

Resumindo, podemos concluir que as marcas *premium* não estão indiferentes ao crescimento das marcas precificadas pela estratégia de **economia** porque, sem dúvida alguma, o maior espaço para crescimento de vendas encontra-se nesse nicho de mercado.

Quando o novo produto é pioneiro, protegido ou não por uma patente que lhe assegure a continuidade das vendas por certo período de tempo, duas são as estratégias básicas: ***skimming*** e **penetração de mercado**.

Skimming (em português, "desnatar") significa maximizar a margem de contribuição, a cada nível de preços, por meio de um processo de adequação de preços contínuo. Essa estratégia de preços é muito frequente entre os produtos de base tecnológica, rapidamente copiada por outros concorrentes. A ideia é procurar atingir, em etapas, os mais diferentes perfis de consumidores, desde aqueles que "não podem viver sem a nova tecnologia" e que, por isso, estão dispostos a pagar preços bastante elevados, até aqueles que aguardam, pacientemente, as inevitáveis futuras reduções de preços. O quadro hipotético seria o mostrado na Tabela 3.2.

Tabela 3.2 Exemplo de quadro hipotético

Preço (base 100)	Porcentagem acumulada de consumidores potenciais
100	10%
90	25%
80	50%
70	100%

Algumas premissas são essenciais para a adoção do *skimming*:

1. Faixa inicial de consumidores pouco sensíveis a preço;
2. Possibilidade de segmentar a demanda, de acordo com diferentes níveis de preços;
3. Ciclo de vida normalmente curto;
4. A estrutura financeira da empresa não pode depender do novo produto, pois como as vendas são baixas, em relação ao potencial total, a margem total gerada não é suficiente para arcar com os custos operacionais. Esse produto deve fazer parte de um portfólio mais amplo que assegure as condições de lucratividade geral da organização;
5. Vendas não repetitivas.

No Gráfico 3.1, temos a trajetória de preços de uma máquina fotográfica digital.

Repare, que nesse período, o produto sofreu a redução de 29% no preço de venda, tendo atingido o patamar mínimo de 57% de desconto, em relação ao preço inicialmente coletado.

O segundo posicionamento é a **penetração de mercado**. Ao contrário do *skimming*, pelo qual se busca margem de curto prazo, no atual

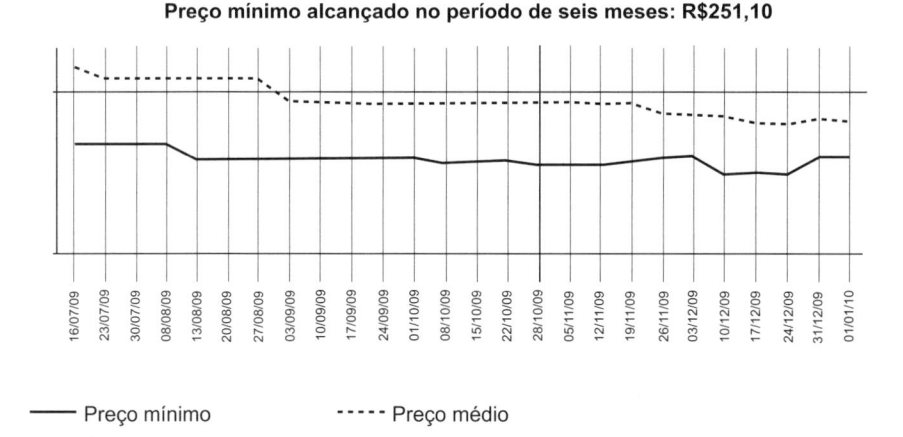

Gráfico 3.1 Trajetória semestral de preços da máquina fotográfica
digital Sony, modelo Cybershot DSC-S930, 10.1 Megapixels, Prata.

Fonte: www.jacotei.com.br.

posicionamento a empresa irá buscar, via preços baixos, a conquista de
amplas faixas de mercado, obtendo margens unitárias baixas compensa-
das pelos elevados volumes de vendas.

A aeiou, empresa de telefonia móvel, com atuação restrita à região
metropolitana de São Paulo, com participação de mercado muito pequena, menciona em seu *site* (http://www.meuaeiou.com.br) a sua proposta de atuação, desta forma:

> A aeiou é a nova operadora de celular de São Paulo, que tem por mis-
> são capturar participação relevante do mercado brasileiro de comunicação
> móvel, por meio do uso criativo da tecnologia de ponta e do desenvolvi-
> mento e distribuição de produtos e serviços de qualidade a preços acessí-
> veis. A empresa desenvolveu no Brasil tecnologia própria que dá condições
> para que a aeiou seja a única empresa de telefonia celular projetada para
> operar no modelo *low cost, low fare*. Com isso, os seus clientes têm acesso
> a serviços inovadores e inteligentes a preços extremamente competitivos.
> A aeiou vê em São Paulo uma grande oportunidade de oferecer serviços
> diferenciados em uma região única no mundo, que concentra 22 milhões
> de pessoas em um raio de 50 quilômetros. A empresa iniciou suas ativida-
> des em agosto de 2008, um ano após receber pela Anatel sua licença para

exploração do SMP (Serviço Móvel Pessoal), na região metropolitana de São Paulo.

É possível inferir que, ao mesmo tempo que se trata de uma estratégia interessante para ganho de mercado, ela pode levar a empresa a uma situação financeira delicada, já que cria na mente do consumidor a imagem de preços baixos, aos quais ele se habitua; caso os custos não sejam muito bem controlados e monitorados, a comercialização pode tornar-se inviável.

Enquanto o *skimming* é utilizado em produtos cujas vendas não tendem a se repetir, a penetração de mercado é válida para itens que serão experimentados e, caso aprovados pelo consumidor, voltarão a ser adquiridos frequentemente, como: alimentos, cosméticos, bebidas etc. Espera-se, por parte do ofertante, que o valor percebido pelo consumidor justifique majorações de preços nos estágios de ciclo de vida posteriores do produto.

3.2 Outros fatores internos

Além do posicionamento, outros aspectos internos devem ser igualmente considerados.

Os custos variáveis e fixos são, indubitavelmente, essenciais na avaliação das políticas de preços. Nos capítulos do módulo financeiro, mostraremos as diversas interpretações em relação ao tema, que é bastante controverso.

As empresas precisam, ainda, se estruturar para elaborar seus preços. Entendo ser essencial a participação de várias áreas para uma correta precificação. A diretoria deve determinar as margens objetivadas, de tal forma que os responsáveis pela atividade, na prática, tenham um "norte" em suas estratégias e condições ofertadas. Igualmente, setores como financeiro, contábil, tributário e fabril devem assessorar a área comercial e de marketing, no sentido de estabelecer um plano de preços coerente. Evidentemente, estou me referindo a uma empresa de grande porte, pois nas empresas pequenas e médias dificilmente o dono vai se ausentar desse processo.

4
■■■■■

Aspectos mercadológicos: fatores externos

Vimos que os fatores internos da empresa são decisivos; entretanto, as empresas não vivem em ilhas isoladas, adotando estratégias sem computar o que ocorre a sua volta. Portanto, os fatores externos sempre devem ser considerados ao se estabelecer os preços de venda.

4.1 Fatores externos: mercados

Dentre os fatores externos, sem dúvida o mais representativo e que demanda as maiores observações é o mercado em que a empresa se insere, os produtos concorrentes e suas práticas comerciais. Os mercados podem ser divididos em quatro tipos bastante distintos: **concorrência perfeita**, **concorrência monopolista**, **concorrência oligopolista** e **monopólios**.

Por **concorrência perfeita** entendemos os mercados em que os preços são ditados exclusivamente pelas leis da oferta e da procura. O leitor pode questionar, afirmando que todos os mercados se conduzem por essa regra. No entanto, somente nesse tipo de concorrência os produtos não apresentam distinções, sendo traduzidos como *commodities*, e têm seus preços fixados pelas curvas de oferta e demanda. Imagine o mercado de soja, comercializada na Bolsa de Mercadorias de Chicago, retratada no Gráfico 4.1.

Em 17 de maio de 2001, apenas como referência, a soja estava cotada, na Bolsa de Chicago, a US$ 440,50/*bushel* de 60 libras, que é a unidade de comercialização utilizada para o produto. No Gráfico 4.1, o equilíbrio

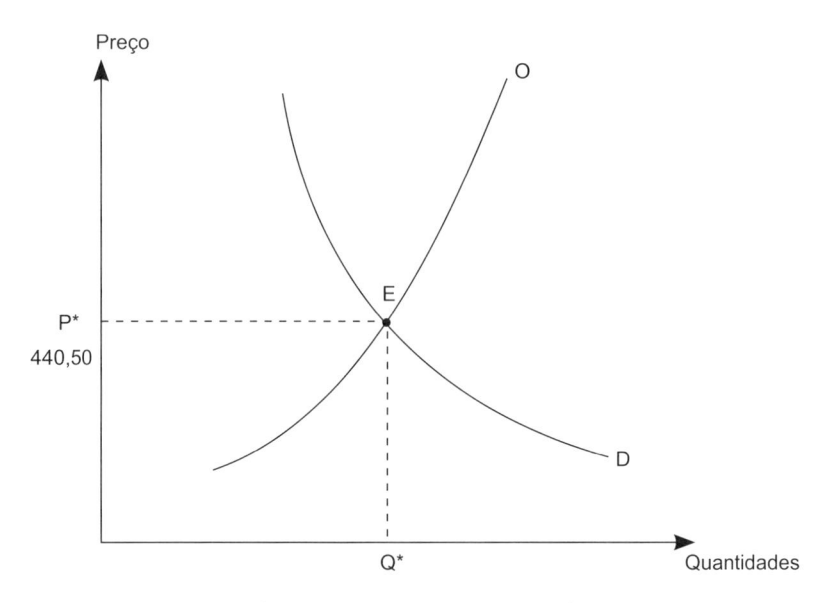

Gráfico 4.1 Concorrência perfeita 1.

Fonte: C. E. Ferguson, *Microeconomia*.

geral entre oferta e demanda é o ponto de interseção entre as curvas de oferta (O) e demanda (D). A esse ponto correspondem o preço de equilíbrio (P*), no caso US$ 440,50, e a quantidade de equilíbrio (Q*). Nesse mercado, variações de preços são explicadas por fatores como redução dos estoques de óleo de soja dos produtores ou o volume esmagado de grãos. Nenhum produtor tem potencial de barganha para, isoladamente, impor suas condições ao mercado, alterando os preços de venda.

Um aumento de preços seria motivado por aumento da demanda ou redução da oferta, ou por algum fator conjuntural. Vamos simular a primeira hipótese, sem contrapartida nos níveis ofertados, conforme o Gráfico 4.2.

A esse preço, supondo que a oferta permaneça imutável, a quantidade demandada D_2D_2 aumenta, com contrapartida na alteração do preço de equilíbrio anterior para US$ 450, estabelecendo um novo equilíbrio (E_2), correspondente ao incremento de quantidade Q_2 menos Q_1. A mesma ideia é válida para a redução dos níveis de oferta. Por isso, a cada ano assistimos à expectativa de alguns setores nacionais, como por

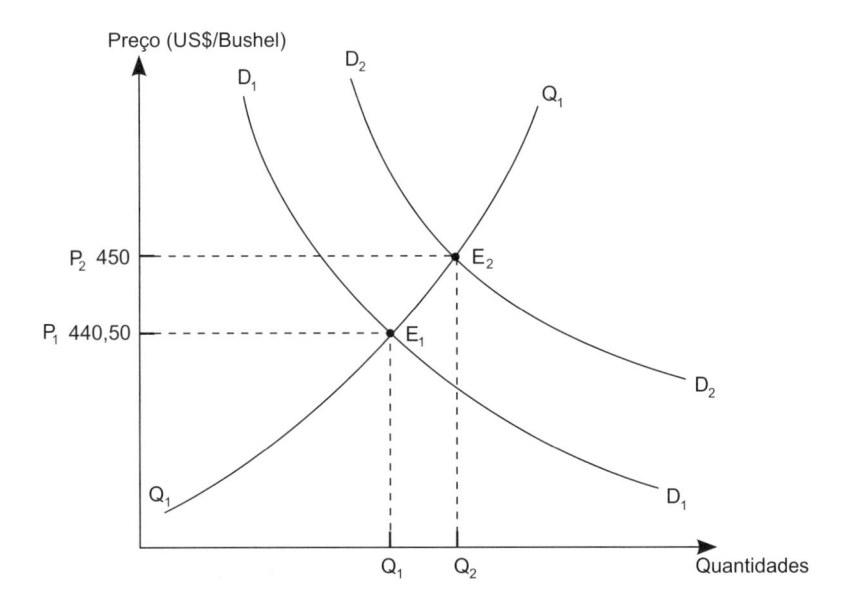

Gráfico 4.2 Concorrência perfeita 2.

Fonte: C. E. Ferguson, *Microeconomia*.

exemplo o de suco de laranja concentrado, para a geada ou quebra de safra em outros grandes centros produtores, como a Califórnia.

A propósito, o preço da caixa de laranja, no período de julho de 2000 a julho de 2001, sofreu um reajuste de 437% do produtor para a indústria. Como explicar essa variação, a não ser por se tratar de um mercado de concorrência perfeita, em que prevalece mais do que nunca a lei da oferta e da procura? Esse aumento, especificamente, não é derivado de quedas de oferta internacional, mas da grande concorrência entre as indústrias esmagadoras nacionais, da queda de safra nacional e dos preços baixos de anos anteriores, que desincentivaram a plantação da cultura.

Simule, como no Gráfico 4.1, uma queda na oferta e verifique o que ocorre com os preços. É fundamental operar com custos reduzidos, pois as empresas não têm arbítrio sobre os preços de venda, caindo na chamada "armadilha" da *commodity*. As margens de contribuição unitárias tendem a ser baixas, exceto em momentos de quebra de safra em mercados concorrentes. O objetivo é atingir, via volume total, a maximização das margens de contribuição.

Nesse tipo de mercado, e só nele, quem forma o preço é o mercado. Provavelmente, o leitor nunca presenciou uma propaganda do Grupo André Maggi veiculando as diferenças de sua soja *in natura*, mesmo porque de nada adiantaria em termos volumétricos ou de aumento de lucratividade. No máximo, assistimos a campanhas institucionais de determinado produto, como a laranja, a maçã, as frutas do Vale do São Francisco, incentivando o aumento do seu consumo.

A concorrência perfeita é sem dúvida um dos maiores desafios para o profissional de marketing. Migrar desse mercado para outros, fugindo da "armadilha" da *commodity*, é uma tarefa hercúlea, mas muito compensadora quando bem-sucedida. Vejamos alguns exemplos, extraídos do *Valor* de 31/7/2009:

> Segundo o diretor de perecíveis do Walmart, vários consumidores solicitam produtos hortigranjeiros pela marca, citando nominalmente as maçãs Turma da Mônica, os tomates Mallmann (Hortigranjeiros Mallmann), o melão Rei (Itaueira Agropecuária), o abacaxi Redinha (Hatori) e os mamões golden Turma da Mônica (Gaia Agribusiness).
>
> 'São produtos selecionados, que o consumidor pode comprar sem precisar escolher. Dá para levar de olhos fechados', diz o diretor de frutas, legumes e verduras do Carrefour. É uma produção especial. 'No nosso caso, são tomates que crescem em estufa, com fertilizantes diferenciados e higienização bem mais intensa que a dos produtos a granel', afirma o administrador da Hortigranjeiros Mallmann.
>
> Além da qualidade diferenciada, no geral, as frutas e legumes de marca são entre 10% e 15% mais caros que os vendidos a granel. Perceba a grande diferença, mesmo tratando-se de produtos 'commoditizados'.

É bem possível que, não necessariamente no curto prazo, mas no médio, produtos como os recém-citados venham a participar de mercados de **concorrência monopolista**. Esse termo é, na verdade, oriundo da microeconomia. Entre 1920 e 1930, os economistas passaram a se dedicar ao estudo de mercados intermediários entre a concorrência perfeita e os monopólios. Edward Chamberlin, um dos precursores do conceito, baseava-se na tese de que havia muito poucos monopolistas (um produtor único), pois existiam diversos produtos substitutos similares. Entretanto, somente determinada empresa tinha o monopólio de determinados atributos, como: marca, localização, sistema de produção, serviços associados etc. A esses tipos de mercado, com enormes semelhanças entre os produtos, mas com a exclusividade de alguns atributos, denominou-se "concorrência monopolística". Essa expressão foi modificada por Kotler para concorrência monopolista, e, para melhor interpretação, talvez fosse válido denominá-la "concorrência quase perfeita".

Podemos resumir afirmando que esses mercados se caracterizam por enorme número de compradores e ofertantes, cada qual com alguma peculiaridade que lhe permita ser monopolista naquele diferencial. Entretanto, os produtos tendem a guardar grande similaridade, e esse monopólio deixa de ser importante na precificação. Para explicar graficamente esse e os demais mercados, vamos recuperar dois conceitos da microeconomia, muito úteis aos tópicos a serem vistos em seguida.

Receita marginal (RM): expressa a variação na receita total derivada do acréscimo de uma unidade de produto vendido.

Custo marginal (CM): expressa a variação no custo total derivado do acréscimo de uma unidade de produção.

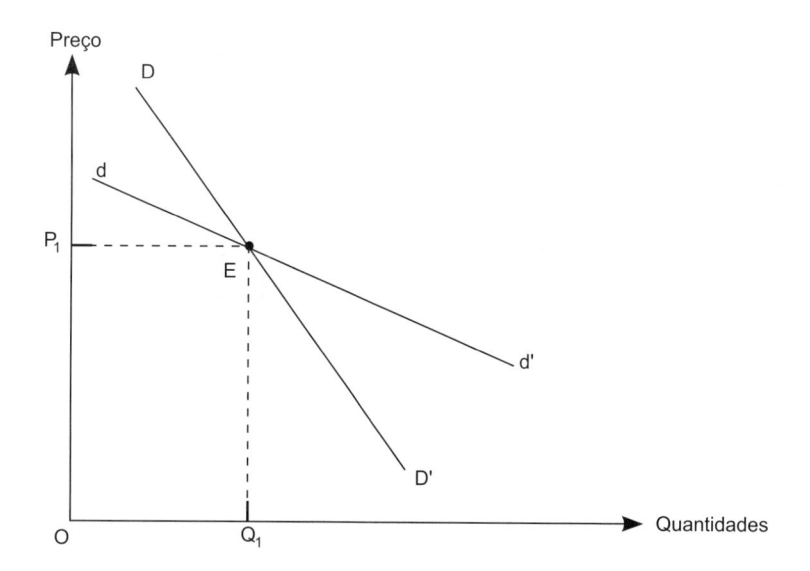

Gráfico 4.3 Concorrência monopolista.

Fonte: C. E. Ferguson, *Microeconomia*.

Em sua essência, cada produtor busca maximizar seus lucros, o que é indicado pelo ponto em que a receita marginal se iguala ao custo marginal, ou seja, qualquer nova unidade vendida não agrega nenhuma margem quando comparada ao incremento de custos necessário para produzi-la.

Suponha que determinada empresa encontre-se no ponto E, vendendo OQ_1 a um nível de preços OP_1, por unidade. Nesse tipo de mercado, espera-se que uma redução de preços acarrete aumento substancial de vendas. Inicialmente, esse fato poderá mesmo ocorrer, prolongando-se caso os demais ofertantes não reduzam seus preços. Da mesma forma, poderá supor uma queda considerável nas vendas, caso reajuste os preços, o que determina uma curva de demanda bastante elástica (ver elasticidade preço/demanda), denotada por dd', no Gráfico 4.3.

Antecipando-se a essa possibilidade, a tendência é que todos os ofertantes reduzam os preços, não havendo ganhos marginais de mercado, e tornando a curva de demanda menos elástica — DD', pois supomos que os preços tenderão a convergir, no longo prazo, para uma base comum.

Na prática, essa lógica é bastante percebida, como veremos a seguir.

A grande maioria dos mercados mundiais encontra-se nesse tipo de concorrência, e o processo de acirramento das condições comerciais intensificou-se, especialmente após o *boom* do processo de globalização.

O mais importante, certamente, não é a denominação, mas entender que tais mercados guardam semelhanças enormes entre os produtos ofertados, muitas vezes sem qualquer diferenciação marcante. No capítulo anterior, fizemos um breve comentário sobre as marcas ditas "talibãs". Elas estão muito presentes nesse tipo de mercado, gerando por parte do consumidor enorme dificuldade em definir qual deve ser adquirida. Como os fatores de diferenciação entre os produtos acabam não gerando qualquer percepção entre os compradores, a tendência é que haja forte e acirrada disputa por preços, originando, invariavelmente, as chamadas "guerras de preços". Sim, nesses mercados com participações bastante pulverizadas, em que nenhuma empresa tende a possuir participação mais relevante, ocorrem as maiores disputas de preços.

Em 9/7/2009, o *Valor* mostrou a estratégia da Panasonic para crescer no Brasil e outros mercados emergentes:

> A Panasonic Corp. quer aumentar as vendas nos mercados em desenvolvimento, mas sabe que seus televisores de plasma de US$ 1.200 e ge-

ladeiras de US$ 3.000 equipadas com nanotecnologia estão fora do orçamento das famílias de baixa renda.

Para elas, a fabricante japonesa prepara uma nova linha de produtos que oferece, por exemplo, TVs de US$ 50, aparelhos de ar-condicionado de US$ 100 ou máquinas de lavar roupa de US$ 200 — ainda que chegar a esse preço implique oferecer modelos mais simples, sem muitos dos recursos normalmente encontrados nesses eletrônicos.

Ao adotar a estratégia para os mercados emergentes, a Panasonic bate de frente com marcas locais mais baratas com anos de experiência em reduzir custos e manter margens de lucro minúsculas.

Para cortar os custos, a Panasonic afirma que terá de realizar uma reforma completa na maneira como concebe, projeta e fabrica seus produtos.

O novo plano da Panasonic é empregar uma "pesquisa de estilo de vida" compilada pelas equipes locais de marketing como insumo para projetar produtos específicos para cada mercado. A produção será local e, em alguns casos, terceirizada.

Embora a nova estratégia tenha boas chances de ajudar a Panasonic a aumentar as vendas, analistas questionam qual será o impacto no lucro, especialmente nos produtos de alto padrão da empresa, como televisores de tela fina. 'Pode destruir a própria lucratividade antes mesmo do surgimento de quaisquer ganhos', diz o vice-diretor de análise da corretora australiana Mcquarie Securities.

A Panasonic afirma que planeja seguir com a estratégia só se puder manter a lucratividade.

As empresas participantes de concorrências monopolistas não concorrem necessariamente apenas focadas em diferenciação de preços. Veja que, no setor de arroz ensacado, de extrema concorrência, existem marcas como a Uncle Ben's, que exploram um nicho diferenciado de elevados preços e qualidade superior. O sorvete Haagen Dazs é outra marca que, apesar de participar de concorrência monopolista, criou fatores de diferenciação que lhe permitem fugir à "guerra de preços". O setor de vestuário é pródigo em exemplos como esses. O profissional de marketing tem o enorme desafio de não permitir que a diferenciação de seu produto se faça apenas pelos preços mais baixos, a menos que essa seja sua estratégia.

Já que a mencionamos, vamos explicar como surgem as "guerras de preços" e algumas sugestões para evitá-las, utilizando dois artigos excelentes publicados na *Harvard Business Review*, de março/abril de 2000, um de autoria de Akshay R. Rao *et al.*, e o outro de Robert A. Garda e Michael V. Marn, extraído de relatório da Consultoria McKinsey, em 1993 (ver Bibliografia).

Inicialmente, as reduções de preço são vistas como uma das possíveis táticas de ganho volumétrico. Normalmente, os gerentes veem as mudanças de preços como uma ferramenta de gestão fácil, rápida e reversível, fato que pode ser debitado ao desconhecimento das reações do mercado e dos concorrentes. O diagnóstico da situação é essencial para evitar o início do processo. Várias vezes, a guerra é motivada por uma redução de preços por parte de um dos concorrentes, no intuito de travar uma disputa em microrregião, desalojando um participante indesejado. Se esse dado não estiver totalmente claro para os demais concorrentes, todo o mercado poderá emergir nos baixos preços. Essa prática é mais perceptível em mercados quase "commoditizados", que atuam com margens reduzidas e custos variáveis bastante similares. Uma redução significativa de preços, por parte de um *player*, nesse mercado, provavelmente indicará uma tentativa localizada de quebra de concorrência a ser percebida pelos demais e não uma estratégia de ganho de mercado de médio prazo, pois a pulverização dos concorrentes é tão grande que a inviabilizaria.

Outra situação bastante comum é a elevada redução de preços de produtos com níveis excessivos de estoque que comprometem o caixa da empresa. A redução de preços ou vendas casadas com outros itens, utilizando o preço do pacote como chamariz, poderá induzir a falsas interpretações dos concorrentes, que tenderão a baixar seus preços.

Um diagnóstico correto envolve análise em quatro áreas distintas: *o perfil dos consumidores*, considerando a suscetibilidade e os segmentos mais sensíveis a preços; *o perfil das companhias*, como estrutura de custos, capacidades e posicionamento estratégico; *perfis dos competidores*, com os mesmos itens anteriores; e *perfis dos colaboradores* ou outros participantes do setor cujos interesses próprios ou perfis possam desencadear a guerra de preços.

Há uma grande diversidade de táticas para estancar a guerra de preços, antes que a mesma seja desencadeada. A primeira, é ter certeza de que seus competidores entendem a racionalidade de sua política de preços, revelando-a. É comum encontrarmos no varejo a estratégia EDLP (*Every Day Low Price*) ou "preços baixos todos os dias". É sem dúvida uma estratégia que demonstra que a empresa está disposta a tudo para manter válido seu *slogan*. A Gol Linhas Aéreas adotou uma estratégia clara de ganho de mercado via preços mais baixos, mas em nenhum momento demonstrou que sua estratégia é de guerra de preços, pois procurou revelar abertamente a vantagem competitiva de seus baixos custos operacionais.

Outra possibilidade é acrescentar atributos de diferenciação aos produtos ou construir algumas vantagens que não sejam tão trivialmente copiáveis, se possível enfatizando as desvantagens e os riscos dos produtos de baixos preços.

Ainda na fuga do processo da guerra de preços, é válido formar associações e parcerias com outras empresas que complementem seu negócio ou sejam parte de sua cadeia de distribuição, agregando valor e dificultando comparações simples de preços, tal como fazem corretoras de valores ao ofertarem pacotes diferenciados.

Veja a estratégia da corretora inglesa ICAP, que, depois de entrar no mercado brasileiro em maio de 2009 com a estratégia do "quer pagar quanto?" — em que o cliente escolhia a taxa de corretagem em um intervalo entre R$ 5 e R$ 20 —, resolveu alterar a sua política de preços.

O *Valor* mostrou, em 8/3/2010, que:

> Com cerca de 5,5 mil clientes ativos, o MyCap, *home broker* da instituição, terá a partir de hoje apenas duas taxas de corretagem, no valor de R$ 5,00 ou R$ 20,00 por operação realizada, de acordo com os serviços prestados.
>
> Quem optar por pagar R$ 5 de corretagem terá os serviços da chamada conta Econômica, que inclui acesso a um fórum de análise gráfica, informações de aluguel de ações e volumes negociados, além de uma ferramenta que consolida a avaliação de diversos analistas sobre alguns papéis.
>
> O investidor também pode optar pela conta Especial, com taxa de R$ 20 por operação. Nesse caso, o cliente terá acesso a uma ferramenta automática de cálculo do imposto de renda, o IR Fácil, um sistema de negociação via celular, o MyCap Mobile, e um *book* com as 50 melhores ofertas de compra e venda. A expectativa é de que 20% dos clientes passem a negociar ações pelo celular.
>
> A estratégia da nova política de preços é ampliar o leque de serviços sem abrir mão dos clientes que buscam a menor corretagem, explica o

diretor da Icap Brasil e responsável pelo MyCap. 'Com essas duas contas, cobrimos o maior e o menor preço fixo do mercado', afirma.

Akshay Rao descreve um exemplo muito pertinente, mesmo nos dias atuais, quando menciona o McDonald's em disputa com a Taco Bell, que lançou seu produto-base a $ 0,59, numa batalha "tacos *versus* hambúrgueres", na década de 1980. Nesse momento, a McDonald's reposicionou-se, acrescentando batata fita e refrigerante, criando o lanche e migrando para outra disputa "lanche *versus* lanche", em que possuía um valor percebido muito maior e poderia fugir da guerra de preços.

A utilização de uma marca de combate, em níveis mais baixos de preços, é também tática bastante útil na preservação da imagem da marca superior, cujos consumidores são menos sensíveis a decisões baseadas exclusivamente em preços. Essa tática é típica de empresas que conhecem os diferentes perfis de seus clientes, mais ou menos suscetíveis a preços. Os que se sentem receosos em adquirir produtos de marcas menos conhecidas, a baixos preços, são bastante influenciáveis no sentido de manter-se fiéis ao fabricante de qualidade reconhecida.

Os principais motivos para evitar uma guerra de preços são:

- **Lucros muito sensíveis aos declínios nos preços médios.** Estudos com dados das mil maiores empresas americanas indicam que a redução de 1% nos preços, mantidos os volumes de vendas e os custos operacionais, acarreta uma redução de 7,1% a 12,3% nos lucros.

- **As vantagens geradas sobre os competidores são normalmente de curto prazo.** Obviamente, as empresas prejudicadas em volumes de vendas tendem a remarcar seus preços, erradicando a desvantagem.

- **Consumidores têm suas expectativas distorcidas**. Criam-se preços de referência, como ocorreu na briga Embratel *versus* Intelig, quando os preços das ligações internacionais sofreram uma redução de até 90%. O consumidor pode entender ter sido lesado até então, pois pagava uma tarifa muito maior, redundando na pior imagem possível, a de preços exorbitantes. Quando a Vasp reduziu e sustentou sua tarifa na ponte aérea Rio–São Paulo, em 2001, para um preço equivalente à metade do praticado pela Varig e TAM, criou um preço de referência do qual não conseguiu escapar até a paralisação de suas atividades.

- **Consumidores são sensíveis a preços e valores percebidos.** Reduzir os preços de produtos percebidos como sendo de qualidade superior pode levá-los a outro patamar de avaliação, e a empresa poderá perder todos os investimentos realizados para torná-los marcas *premium*.

A crise econômica mundial, iniciada no final de 2008, foi responsável por aumento generalizado dos estoques, em diversos setores. Uma das alternativas mais óbvias é a redução dos preços de venda, gerando guerras de preços. Esse fato pode ser comprovado no mercado de informática, através do exemplo do Grupo Positivo, conforme *Exame* de 23/3/2009:

> Os resultados da Positivo Informática, maior fabricante de computadores do Brasil, no último trimestre de 2008, ficaram abaixo do esperado segundo as corretoras Brascan e Ativa. Com perdas cambiais e uma significativa queda de margens operacionais, a companhia registrou entre outubro e dezembro um prejuízo líquido de R$ 20,2 milhões, contra lucro de R$ 73 milhões no mesmo período do ano passado.
>
> A contração nas vendas da companhia e a forte valorização do dólar frente ao real fizeram com que os estoques de computadores aumentassem, o que provocou uma guerra de preços entre os concorrentes, segundo a Ativa. Com isso, a Positivo recorreu a promoções para baixar os estoques.
>
> A margem operacional foi diretamente impactada pela guerra de preços. O Ebitda (lucro antes de impostos e amortizações) caiu para R$ 27 milhões, com uma margem Ebitda de 5,2% ou 8,8 pontos percentuais a menos que no mesmo período de 2007.

Muitas vezes, para manter ou ampliar suas participações de mercado, em mercados muito concorridos, algumas empresas procuram, através de reduções contínuas de custos, a possibilidade de estabelecer níveis de preços muito atrativos. Essa regra, quase universal no mundo dos negócios, tem suas limitações e acarreta riscos importantes. Vejamos o que aconteceu com a Toyota, que conquistou a liderança do mercado mundial de veículos, em 2007, entre outros fatores, por possuir uma estrutura de custos extremamente enxuta e preços inferiores aos concorrentes, notadamente a indústria americana.

Após uma sequência de *recalls*, aproximadamente 10 milhões de veículos, a imagem da marca ficou bastante prejudicada. Entre outros fatores apontados para essa situação, são destacados:

- Crescimento na produção e no número de fornecedores, sem correspondente aumento no controle de qualidade;
- Corte de custos obsessivo. A empresa reduziu em US$ 10 bilhões seus custos operacionais no mundo, entre 2000 e 2006, incluindo a exigência de desenvolvimento de peças mais leves e baratas, por parte dos fornecedores.

As guerras de preços não são exclusivas dos mercados de concorrência perfeita ou monopolista, podendo ocorrer também nos **oligopólios** ou na **concorrência oligopolista**. Esses mercados são caracterizados por poucas empresas e muitos compradores. Mercados dessa natureza podem ser ainda estratificados em **cartéis** e **oligopólios puros**.

Os cartéis são caracterizados, entre outras práticas comerciais, pela definição dos preços de venda de modo pouco ético. Um dos setores de atividade historicamente apontados como praticante de cartel, no Brasil, é o de postos de combustíveis. Independentemente da análise da estrutura de custos do setor, fica claro que, em algumas praças, os preços são muito pouco diferenciados entre os diversos ofertantes. Aliás, esse exemplo é bastante atípico, pois vemos a formação de cartel em um mercado de concorrência monopolista, o que deveria ser impossível, caso o negócio não estivesse concentrado na mão de poucas empresas ou grupos econômicos.

Outros setores de atividade também são citados como característicos de cartéis, como: a indústria cimenteira, as siderúrgicas, os "cegonheiros" (transportadores de veículos). Se analisarmos os movimentos de preços desses setores, perceberemos que os reajustes são praticamente simultâneos e em percentuais muito similares. Essa é uma prática típica das atividades cartelizadas.

Quando denominamos cartel um setor, não estamos nos referindo a uma prática-alvo de polícia etc. Muito pelo contrário, apenas identificar atividades em que a disputa de mercado não envolve a utilização de preços "de combate" e em que as participações de mercado das empresas mantêm-se relativamente constantes ao longo do tempo.

Em 23/3/2010, a Vale enviou documento a seus clientes em todo o mundo comunicando a adoção de um novo sistema de preços, denominado IODEX (*Iron Ore Index*). No comunicado, a mineradora já informava a nova tabela do minério de ferro a vigorar no segundo trimestre. O preço do minério tipo *sinter feed* Carajás, de maior teor de ferro, subia para US$ 122,20 a tonelada FOB (posto no porto da Vale), valor que é 114% superior ao preço de referência vigente no mesmo período do ano anterior (*Valor*, 23/3/2010). A pergunta que não quer calar: a sua empresa consegue praticar reajustes dessa magnitude sem perdas consideráveis de volume? Se participar de um mercado cartelizado, talvez, caso contrário... Os preços da Vale devem servir de base para as demais mineradoras que participam desse mercado internacional sem disputas de preços, notadamente quando a demanda é superior à oferta.

Podemos visualizar a maximização dos lucros dos cartéis conforme o Gráfico 4.4.

Nesse exemplo, a demanda total de mercado, pelo tipo de bem, é dada por DD', e a receita marginal é indicada pela curva pontilhada

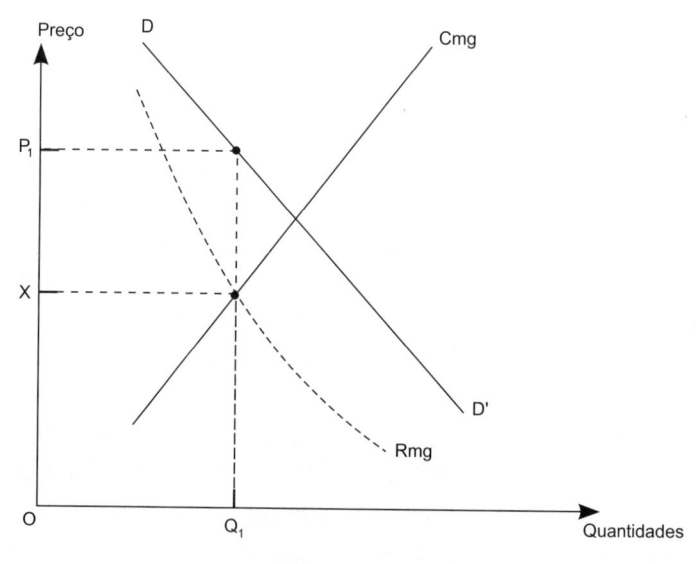

Gráfico 4.4 Cartéis.

Fonte: C. E. Ferguson, Microeconomia.

Rmg. Supondo a curva de custo marginal (Cmg) como sendo a soma das curvas de custos dos membros do cartel, pode-se estabelecer o preço que maximiza os lucros. No preço OX, temos o cruzamento de receita e custo marginais, indicando o ponto de lucro zero. Assim, entendendo que a demanda geral tende a ser praticamente inelástica, o cartel tenderá a impor o preço na altura de OP_1, que encontrará a curva de demanda DD', no nível de OQ_1 unidades. A próxima tarefa é distribuí-las entre os participantes do cartel, num processo de divisão de mercado.

É evidente que os preços são formados pelas empresas participantes do cartel e que o mercado é observado, mas muitas vezes sem muitas preocupações. A concorrência existe, há disputa de mercado, mas não via preços. Esqueça o tópico sobre guerra de preços, se você estiver avaliando um setor cartelizado.

Uma questão interessante a ser levantada é se é possível penetrar num cartel e dele fazer parte. Vamos exemplificar através do setor de aviação comercial e do setor cimenteiro. A GOL, já mencionada, penetrou num mercado cartelizado, cujos preços máximos eram definidos, até então, pelo DAC (Departamento de Aviação Civil). Essa entrada só foi possível porque, ao contrário dos demais participantes, o grupo a que a empresa pertence estava muito capitalizado, podendo sofrer retaliações de preços, como aliás enfrentou, sem perder o foco dos seus objetivos.

O setor cimenteiro, ao contrário, é bastante capitalizado e somente "permitiu" a entrada de novos participantes, grupos estrangeiros, por serem multinacionais, de porte similar aos representantes nacionais do setor. Esses novos participantes ganharam espaço no vácuo dos altos preços praticados pelos grupos nacionais concorrentes. Em uma situação normal, seria bastante provável que os pretendentes a participar do mercado fossem alijados numa guerra de preços momentânea.

Veja o artigo da *Gazeta Mercantil*, de 27 de julho de 2001, assinado pelo presidente do Sindicato da Indústria da Construção Civil do Rio de Janeiro (Sinduscon-Rio), reportando as características do mercado cimenteiro: "Pesquisa realizada pelo Departamento Técnico do Sinduscon mostra que o cimento aumentou 69,23% nos últimos 24 meses, o que se pode considerar recorde." Além disso, enumera outros setores com reajustes bastante significativos também. Adiante, no mesmo texto, temos uma referência a artigo divulgado pela Câmara Brasileira da Indústria da Construção denunciando que as empresas atuantes em mercados oligopolizados têm como característica básica o poder de fazer preços. Para tanto, estabelecem acordos explícitos ou tácitos entre os concorrentes, referentes a preços, cotas de produção e distribuição, repartição geográfica etc.

Esteja atento porque é muito difícil ser lucrativo numa atividade de concorrência monopolista cujos principais insumos são oriundos de um cartel! Os cartéis podem também ser de compra — os tradicionais oligopsônios —, em que vários ofertantes devem adequar-se aos preços e às condições de poucos demandantes.

A *Gazeta Mercantil* de 25 de outubro de 2001 informa que estava marcada para 7 de novembro uma audiência pública para debater o suposto cartel da indústria brasileira de suco de laranja (cinco empresas). "Sempre que a cotação do suco no mercado internacional cai ou que os estoques internos aumentam, os fornecedores acusam a indústria de não cumprir os contratos de compra de laranja. Os produtores alegam também que a indústria deixa de receber a fruta de quem tem contrato, recebendo-a de quem não tem, a preços baixíssimos."

Os oligopólios podem também ser "puros", ou seja, com disputas muito árduas por espaço, diferenciação e participação de mercado.

Quando somente duas empresas são encontradas, temos um **duopólio**, tal como no setor de aeronaves de grande porte, formado por Boeing e Airbus. Em termos microeconômicos, o duopólio recebe algumas interpretações diferentes, no sentido de estabelecer o seu equilíbrio. Vamos utilizar a solução de Chamberlin de estabilidade de mercado.

DQ indica a demanda linear por um produto duopolista. A empresa X, precursora no mercado, vende OQ_1 unidades, ao preço OP_1. A seguir, a empresa Y entra no mercado e percebe CQ como demanda não atendida, podendo atingi-la por meio do preço OP_2, que possibilitará vender Q_1Q_2. Nesse instante, a empresa X deve reduzir seus preços para os níveis de Y, de tal forma que ambas vendam a OP_2, diminuindo os lucros da indústria como um todo. Verifique o exemplo das nossas empresas de telecomunicações e discuta se o Gráfico 4.5 não espelha essa realidade.

No final de julho de 2001, assistimos a uma disputa de preços canibalizadora no setor. Coloque-se na posição da gerência da Intelig, com aproximadamente 15% do mercado de comunicações de longa distância, fornecendo um serviço claramente "commoditizado", necessitando ganhar mercado para justificar o enorme investimento de sua implan-

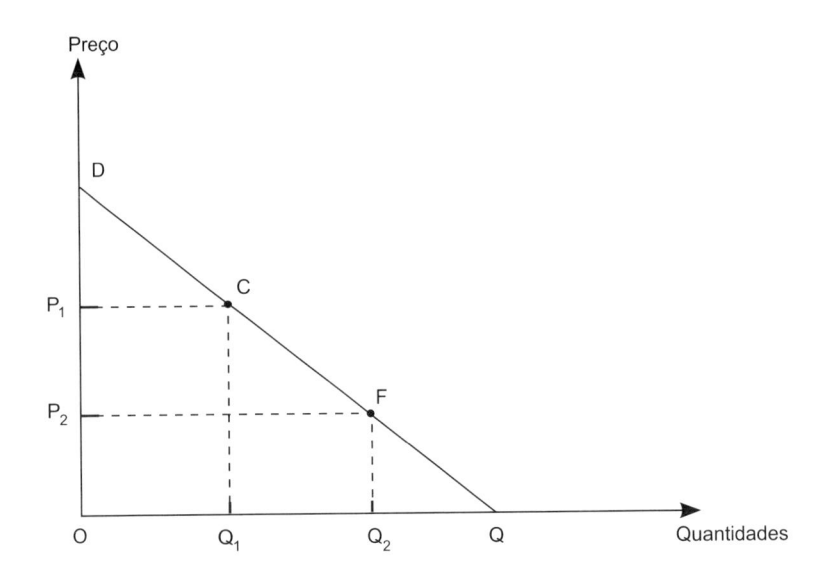

Gráfico 4.5 Solução de Chamberlin para duopólios.

Fonte: C. E. Ferguson, *Microeconomia*.

tação no país e para fazer frente à concorrência aberta, a partir de janeiro de 2002. É óbvio que o preço era a ferramenta de combate mais facilmente disponível, como vimos na guerra de preços. Segundo o presidente da Intelig, "havia necessidade de quebrar o hábito de as pessoas discarem o código da nossa concorrente". Com isso, segundo a empresa, o fluxo diário de minutos durante a guerra de preços aumentou, para os Estados Unidos, 1.300%, ou seja, o objetivo, naquele momento, foi atingido. A concorrente Embratel deveria estar ciente de que não restava outra alternativa à Intelig e, aparentemente, apesar de possuir uma marca fortíssima e participação majoritária, ficou à mercê das práticas comerciais da concorrente, tendo reduzido seus preços de R$ 0,70 para R$ 0,06, do dia para a noite. Nem vale a pena discutir o aspecto "cobertura de custos", sem antes apontar o arranhão na imagem, proveniente dessa redução. A competição em um duopólio recém-criado é assim mesmo, árdua, com ingredientes de guerras de preços para a obtenção de espaço. Em um segundo momento, se não houver forte controle dos órgãos reguladores que tratam dos mecanismos de livre concorrência (CADE), é bem provável a formação de novos cartéis.

Nos oligopólios puros, com maior número de competidores, as margens tendem a ser elevadas, inferiores aos cartéis, porque, apesar de os preços não serem acordados entre as empresas, não existe interesse em criar guerras de preços. Isso ocorre porque dificilmente uma atitude assim poderá inviabilizar a atividade de outros concorrentes, invariavelmente empresas capitalizadas, e que suportariam o ônus de reduzir margens para não perder participação de mercado, com alto custo financeiro de recuperação.

Chegamos, por fim, aos **mercados monopolistas**, nos quais somente uma empresa é ofertante, com muitos compradores.

Tradicionalmente, esses mercados têm características de serviços públicos, pois ou são produzidos por empresas estatais, ou são concessões a empresas privadas que devem obedecer a critérios de preços estabelecidos nos contratos de concessão.

Quando os mercados são dominados por empresas com controle acionário governamental, a tendência é que os preços sejam formados para atender aos objetivos sociais, políticos e macroeconômicos, como controle inflacionário. Basta observar como são formados os preços dos derivados de petróleo, com forte apelo social e político (gasolina e óleo diesel). Os demais derivados têm seus preços pautados pelas cotações internacionais e pelo câmbio.

Quando uma empresa consegue criar um produto monopolista, a primeira observação a ser feita é sobre a duração dessa exclusividade. Se for de curta duração, já que a tecnologia será facilmente copiada, curto prazo imagina-se uma precificação baseada na maximização dos lucros, como adotou por exemplo a Gradiente, precursora da fabricação do DVD no Brasil. No lançamento e durante o monopólio, o aparelho custava, aproximadamente, R$ 1.500. Um ano depois, com a concorrência monopolista advinda, o preço girava em torno de R$ 500.

Se a vigência da exclusividade for mais duradoura, duas hipóteses são factíveis. A primeira é recuperar rapidamente os investimentos realizados na fase de desenvolvimento e lançamento, através de altos preços e elevadas margens de contribuição. Evidentemente, essa prática será avaliada por possíveis concorrentes, que estudarão a hipótese de concorrer com produtos similares, a preços mais baixos, mas com grande garantia de retorno sobre os investimentos. Veja o possível fluxo de caixa de um produto com tais características (Gráfico 4.6).

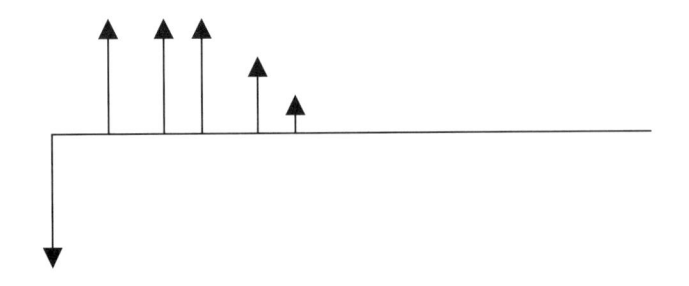

Gráfico 4.6 Fluxo de caixa de monopólio de curto prazo.

Caso a empresa opte por uma política de preços e margens moderada, postergando a recuperação dos investimentos, certamente os potenciais concorrentes farão seus cálculos de rentabilidade com menos entusiasmo, pois os retornos e riscos serão também desencorajadores. Com isso, a empresa monopolista perpetuará sua exclusividade e manterá margens suficientes por longo espaço de tempo.

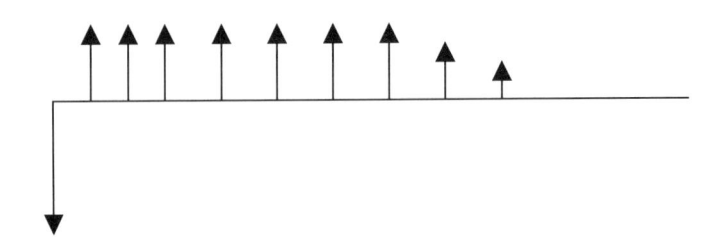

Gráfico 4.7 Fluxo de caixa de monopólio de longo prazo.

Esta última prática é bastante válida para produtos que possuem patentes que lhes assegurem a manutenção do monopólio por alguns anos. Basicamente, são válidos na indústria química e farmacêutica.

Os monopólios têm como base, para seu surgimento e manutenção, algumas premissas fundamentais. A primeira está relacionada com o controle da oferta de matérias-primas, tão típica do setor público, que normalmente detém as reservas de insumos fundamentais ou estratégicos. Essa lógica já deixou de ser realidade em grande parte dos países, como se depreende dos processos de privatizações.

O segundo ponto é o acesso a patentes que preservam a exclusividade da produção de um bem, sob determinado processo específico. Quando esse procedimento é facilmente copiável, o monopólio tem curta duração, como ocorre nos produtos eletroeletrônicos; entretanto, em setores protegidos por patentes de longa duração, como os farmacêuticos, o princípio ativo utilizado pode gerar um monopólio difícil de ser imitado, acarretando um longo ciclo de vida lucrativo.

Uma terceira oportunidade de criação de monopólio é o estabelecimento de uma fábrica ou processo produtivo eficiente, com custos operacionais tão baixos que inviabilizam sua imitação. Esse produto tende a se tornar referência do setor e, devido ao seu grau de capitalização e competitividade, torna-se dificílimo confrontá-lo. De alguma maneira, a Microsoft e seus sistemas operacionais encaixam-se nesse caso.

O Quadro 4.1 apresenta uma comparação entre os diversos tipos de mercado.

Além dos tipos de mercado citados no Quadro 4.1, alguns outros fatores externos são vitais na definição das estratégias de preços.

4.2 Fatores externos: elasticidade preço–demanda

As alterações nos preços de mercadorias invariavelmente acarretam modificações nos volumes de vendas. Esse movimento recebe a denominação de **elasticidade preço-demanda**.

Esse conceito, que entendo ser importante academicamente, é citação obrigatória nos livros de microeconomia e nos livros mercadológicos que tratam do assunto "preços". Entretanto, como veremos e justificaremos, tem pouca representatividade prática. Para entender o conceito, vamos partir de alguns questionamentos: qual o efeito, nas vendas de gasolina, para a Petrobras S.A. quando ocorre um aumento de, por exemplo, 10% nos preços? Muito provavelmente, as vendas sofrerão um acréscimo nos dias anteriores aos novos preços, devido às antecipações de abastecimento. Assim, na primeira semana posterior ao aumento, o volume deverá cair em proporção inversa ao crescimento antecipado e, subsequentemente, os volumes deverão retroagir aos patamares anteriores ao aumento. Esse fenômeno ocorre porque esse produto não tem substituto, em curto prazo, com os mesmos benefícios, e os consumidores não têm maiores alternativas de consumo.

Quadro 4.1 Comparação entre os tipos de concorrência

Características básicas	Concorrência perfeita	Concorrência monopolista	Concorrência oligopolista	Cartel	Monopólio estatal	Monopólio privado
Ofertantes	Muitos	Muitos	Poucos	Poucos	Um	Um
Entrada no setor	Fácil	Fácil	Difícil	Dificílima	Dificílima	Dificílima
Produtos	Iguais	Muito similares	Similares ou não	Similares ou não	Sem concorrência	Sem concorrência
Poder de precificar	Nenhum	Pouco	Elevado	Elevadíssimo	Elevadíssimo	Elevadíssimo
Margem de contribuição unitária (%)	Baixa	Média	Elevada	Elevadíssima	Depende do objetivo	Elevadíssima
Exemplo	Soja	Restaurantes	Telecomunicações	Cimento	Refino de petróleo	Aviões para pulverização agrícola

Essa mesma lógica é válida para as ligações telefônicas municipais, a energia elétrica, o sal, ou seja, produtos essenciais, sem possibilidade de substituição barata e rápida. Tais produtos tendem a sofrer quedas de volumes percentuais inferiores aos percentuais de reajustes de preços. Dessa forma, a elasticidade será inferior a um, conforme veremos a seguir:

Elasticidade preço – demanda = E

E = – (% variação da quantidade/% variação no preço)

Assim, supondo uma queda de 5% nas vendas de gasolina e o aumento mencionado de 10%, teríamos:

$$E = – (0,05/0,10) = 0,50$$

Esse valor pode ser interpretado da seguinte forma: a cada 1% de aumento nos preços de gasolina, corresponderá uma queda de 0,5% na quantidade, indicando que esse é um produto de demanda **inelástica, pois o resultado é inferior a 1.**

Utilizando o mesmo raciocínio, analise agora um restaurante no centro da cidade de São Paulo, com enorme concorrência próxima, e imagine que o mesmo eleve seus preços em 10%. Muito provavelmente, exceto se o público-alvo não se ativer aos preços como atributo de decisão importante, haverá uma queda mais do que proporcional no volume de clientes. Supondo essa queda de 20%, teremos:

$$E = – (0,20/0,10) = 2,0$$

Temos um produto ou negócio de demanda **elástica**, pois o resultado da equação é superior a 1, podendo-se inferir que cada 1% de reajuste nos preços corresponderá a uma queda de 2% no volume vendido. Provavelmente, esse movimento de aumento não será compensador, pois a margem total de contribuição gerada será inferior à situação anterior pré-aumento.

No início do tema, mencionei a sua importância acadêmica, mas sua pequena praticidade. Esse fato decorre da própria metodologia de cálculo, que computa as alterações de preços e quantidades da própria empresa sem quantificar os movimentos de preços dos concorrentes. Evidentemente, em um mercado de concorrência monopolista, os movimentos de preços tendem a ser automaticamente avaliados pelos concorrentes, os quais não querem abrir mão de suas participações de mercado e, portanto, alteram seus preços. Quando isso ocorre, a posição relativa de preços no mercado, da primeira empresa, deixa de ser agressiva e passa a ser neutra, modificando a elasticidade. Como já citei anteriormente, imagine esse cálculo envolvendo o segmento de supermercados, que altera seus preços continuamente. O cálculo deixa de ser prático e objetivo.

Em 24/4/2008, o *Valor* mostrou o efeito do reajuste das refeições em restaurantes do Centro de São Paulo:

> No restaurante Paiol, a refeição saiu de R$ 6,99 para R$ 7,99. 'O ideal seria aumentar para R$ 10, mas se eu fizer isso a clientela vai embora. Parece pouco pagar R$ 1 a mais pelo almoço, mas no fim do mês essa diferença pode ser equivalente a uma conta de luz', diz o gerente do Paiol, que amargou uma queda de 10% no número de fregueses após reajustar o preço. Os restaurantes Azuzinho e NJ também tiveram redução de cerca de 10% na clientela.

Pois bem, podemos calcular a elasticidade desse caso. Houve um reajuste de 14% no preço e uma queda de 10% nas vendas. A demanda é, portanto, inelástica, o que parece ser ótimo para o ofertante.

Como se trata de uma concorrência monopolista, sem grandes diferenciações, esse reajuste é proveniente, provavelmente, de repasse do aumento dos custos dos materiais utilizados na composição dos cardápios. Assim, não se trata de aumento de margem unitária, que poderia ser compensada por eventual queda na demanda. No consolidado entre novas margens unitárias e volumes, certamente houve queda na margem total dos restaurantes.

Outra maneira de avaliar os efeitos nos preços e volumes é computar a **elasticidade preço/cruzada da demanda**, que associa os movimentos de preços e quantidades do próprio produto e dos demais participantes. Basta imaginar duas marcas de televisores (Tabela 4.1) e calcular a repercussão das variáveis.

Tabela 4.1 Exemplo de elasticidade/cruzada da demanda (Ex, y) de duas marcas hipotéticas de televisores

	Quantidade inicial (unid./mês)	Quantidade futura (unid./mês)	Preço inicial $	Preço futuro $
Marca X	1.000	1.200	400	400
Marca Y	1.700	1.500	400	420

$$Ex,y = \frac{\Delta x}{x} / \frac{\Delta Py}{Py} \equiv \frac{\Delta x}{\Delta Py} \times \frac{Py}{x}$$

Utilizando os dados enumerados, podemos calcular Ex, y.

$$Ex,y = \frac{200}{1.000} / \frac{20}{400} \equiv \frac{200}{20} \times \frac{400}{1.000} = 4,0$$

Depreende-se que a cada reajuste de 1% nos preços da marca Y, o volume de vendas da marca X sofrerá um crescimento de 4%. Particularmente, creio que esse raciocínio é muito pobre, do ponto de vista prático, pois seria necessário acompanhar o movimento de preços e volumes de todas as empresas do setor, cujos dados não são disponíveis com facilidade. No exemplo anterior, dos restaurantes no Centro de São Paulo, seria impossível medir esse efeito.

4.3 Outros fatores externos

Além dos itens já vistos, é fundamental acompanhar os movimentos de preços e custos dos concorrentes, o que se pode fazer via demonstrativos financeiros publicados na imprensa e listas de preços e condições comerciais especiais ofertadas aos clientes comuns.

Fatores macroeconômicos, como taxas de juros atuais e suas previsões, taxas de câmbio, custo de oportunidade de aplicação de dinheiro, além de aspectos políticos e normativos, fazem parte da correta estratégia de preços de uma organização.

5
■·■··■

Aspectos mercadológicos: metodologia de definição dos preços

Considerando todos os aspectos anteriores, chegou o instante de definir qual a metodologia a ser adotada na formação do preço de venda. As empresas norteiam-se, basicamente, por três métodos distintos, explicados a seguir.

5.1 Preço a partir da concorrência

Sem dúvida alguma, é o método mais simples, pois basta acompanhar os preços praticados pelos concorrentes diretos e segui-los, mantendo ou não o mesmo valor, de acordo com os objetivos de resultados.

Algumas perguntas importantes podem ficar sem resposta, como:

- Seus custos fixos são iguais aos do concorrente?
- Sua produção ou revenda tem os mesmos custos variáveis do concorrente?
- Seus investimentos foram iguais?
- A rentabilidade objetivada é a mesma?
- O valor percebido pelo cliente, em relação aos seus produtos e serviços associados, é diferente dos concorrentes?

Enfim, pode haver diversos questionamentos que, provavelmente, não são respondidos a contento quando se trabalha apenas pautado nas condições comerciais dos concorrentes.

Perceba que em nenhum momento foi dito que não se deve acompanhar a concorrência; o que não recomendamos é que se pratiquem os mesmos preços indiscriminadamente, sem observar seus principais pontos fortes e fracos a explorar ou contrabalançar. O varejo, concorrência monopolista, atua bastante a partir desse método, até porque entende que quem forma o preço é, basicamente, o mercado.

5.2 Preço a partir dos custos

Outra grande vertente de formação de preços é a utilização dos custos variáveis e fixos. Nos Capítulos 8 e 9, temos uma explicação bastante detalhada do tema. Por ora, podemos analisar apenas a questão do ponto de vista mercadológico. Nessa regra de fixação de preços, temos:

Produto → custo → preço → valor → consumidores[1]

Será essa avaliação completa? Formar o preço pelo custo implica repassar ao cliente seus custos de produção, distribuição e comercialização, além das margens propostas para o produto. A pergunta que deve ser feita é a seguinte: será que o cliente deseja "aquele" produto, com sua soma de atributos, ao preço estabelecido pela empresa? Sem dúvida, assim como na abordagem pela concorrência, os custos devem ser constantemente monitorados e considerados na precificação. No entanto, o simples estabelecimento do preço por esse quesito não considera as diferenças de percepção do consumidor.

Formar preços pelo custo é basicamente agregar margem a um número já realizado, sem questionar se aquele bem é necessário e que preço o consumidor estaria disposto a pagar por ele. Corre-se o risco, em um produto industrial a ser desenvolvido, de acabar criando grande prejuízo, pois o produto é concebido sem conhecimento prévio dos valores percebidos pelo consumidor e precificado sem esse julgamento.

Grande parte dos produtos assim formulados e produzidos não consegue atingir estágios de ciclo de vida subsequentes à introdução, pois

---

[1] *Fonte*: Kotler, 1995.

não traduzem os requisitos desejados pelos consumidores, inclusive em relação ao preço de venda. Eu diria, sem medo de errar, embora sem fornecer estatísticas precisas sobre o tema, que a grande maioria de nossas empresas utiliza um *mix* dos dois conceitos, concorrência e custos, para estabelecer seus preços de venda, à semelhança dos números apresentados no prefácio do livro.

A revista *Exame* publicou uma estatística gerada pela Consultoria Intelectas Brasil, em 7/5/2008, indicando que apenas 12% das cem maiores empresas do Brasil analisam outras variáveis, além do custo, para formar o preço. Nos Estados Unidos, 50% avaliam os demais atributos.

5.3 Preço a partir do valor percebido pelo consumidor

Por meio desse padrão de definição de preços, invertemos a lógica anterior, e o fluxo passa a ser este:

Consumidores → valor → preço → custo → produto[2]

Algumas empresas trabalham esse conceito de modo muito proveitoso. Veja o exemplo da Embraer, retratado em artigo da *Gazeta Mercantil*, de 5 de outubro de 2001, sob o título "Quando o consumidor é usado como consultor". Segundo o texto, "quando idealiza um novo avião, a Embraer forma grupos de potenciais clientes e submete cada parte do projeto à apreciação, mediante assinatura de compromissos de que as informações não serão divulgadas". Adiante, o texto apresenta a própria essência do conceito, pois segundo o gerente de desenvolvimento tecnológico da empresa: "Uma das aeronaves mais sofisticadas que a empresa fabricou não teve sucesso no mercado. Seu preço mínimo era de US$ 6 milhões, mas ninguém oferecia mais de US$ 4,5 milhões."

Esse é um exemplo de grande empresa voltada para o cliente e com recursos para investir em pesquisas de percepção de valor. Mas as pequenas e médias empresas também podem perseguir esse objetivo, mesmo não tendo recursos suficientes para realizar pesquisas mais elaboradas.

---

[2] *Fonte*: Kotler, 1995.

O exemplo certamente não é dos mais prazerosos, mas retrata essa possibilidade. Em 25 de fevereiro de 1998, a revista *Exame* publicou "Casa própria para todo o sempre", mostrando uma pesquisa que a jornalista realizara sobre preços de jazigos. Em consulta ao Cemitério do Morumbi, em São Paulo, detectou-se que, após a presença de Ayrton Senna, em maio de 1994, os preços alcançaram grande vulto nas proximidades de celebridades. "Até então, um túmulo com espaço para três gavetas custava R$ 5.000 em qualquer lugar do cemitério. Hoje, nas proximidades de túmulos famosos, custa US$ 13.000 à vista." Vale lembrar que naquela ocasião a paridade entre o real e o dólar era próxima de 1.

O que fazem a Embraer e o Cemitério do Morumbi, evidentemente de modos diferentes, é entender seu cliente, suas expectativas, desejos e, logicamente, os preços que estariam dispostos a pagar pelo seu produto. A grande diferença é que eles entendem que o preço é somente mais um dentre os atributos percebidos pelo consumidor e não o único, como pensam os que afirmam que quem forma o preço é o mercado!

Segundo Dolan e Simon (1998), as empresas "deixam de ganhar muitos centavos e até mesmo milhares de marcos alemães, francos suíços, ienes e dólares porque não compreendem o conceito do *valor percebido* pelos consumidores". Outro autor renomado no tema, e um dos precursores da indicação da relevância do valor percebido, Thomas Nagle, afirma que "o número escrito na etiqueta não deve refletir os custos do produto, mas o valor econômico que o cliente percebe nele" (2000).

Uma pesquisa do Marketing Science Institute, realizada nos Estados Unidos junto a um grupo de executivos, concluiu que uma de suas maiores dúvidas diz respeito ao modo como mensurar o valor percebido pelos seus clientes em uma transação de compra e venda, sobre de que forma se pode gerenciar essa percepção (Smith e Nagle, 1995). Na decisão de compra de um bem, diversos atributos são considerados pelo consumidor, que os pondera, decidindo-se pelo preço a pagar de acordo com a estrutura de seus pesos relativos.

Exemplificando, vamos supor a compra de um bilhete aéreo em que os preços oscilem entre US$ 500 e US$ 700. Se esse for o único atributo de decisão, a escolha será, logicamente, pelo menor preço. Considerando agora que os preços sejam iguais, mas que os espaços nos assentos sejam diferentes, de novo a escolha recairá sobre aquele que proporcionará maior conforto. Para completar, podemos considerar que esse mesmo voo poderá ser feito com ou sem escalas ou conexões.

Em uma situação de compra real, os consumidores não fazem suas escolhas apenas com base em um simples atributo, por exemplo, o preço. Eles examinam a escala de valores proporcionados e, então, fazem julgamentos ou escolhas a fim de determinar a combinação de fatores que mais os satisfazem.

Os produtos e serviços são elaborados a partir dos atributos observados pelos consumidores, e seus preços são definidos de acordo com a óptica dos mesmos, pelos valores apresentados, sendo os custos uma consequência dos preços estabelecidos. Se for possível produzi-los e distribuí-los, a empresa terá uma linha de produtos de acordo com os valores percebidos pelo consumidor, a um preço considerado justo e desenvolvido mediante um custo meta.

Inicialmente, faremos um relato de algumas definições mercadológicas abordando o estabelecimento dos preços de venda, de acordo com o valor percebido pelo consumidor. Posteriormente, apresentaremos um resumo da evolução das pesquisas sobre precificação nos últimos 20 anos, bem como dos principais métodos propostos para a definição dos preços, a partir dos consumidores.

Segundo palavras de Thomas Nagle e Reed Holden: "Em uso comum, o termo 'valor' refere-se ao total de benefícios ou satisfação que o consumidor recebe de um produto. Economistas referem-se ao termo como valor de uso ou utilidade obtida com o bem" (p. 73). Do ponto de vista mercadológico, o valor pode ser considerado a soma dos atributos percebidos em um produto, pelo consumidor, de acordo com as várias alternativas disponíveis.

Para Raimar Richers: "O valor que um consumidor atribui a um produto é muito mais uma função da sua imagem de marca e dos benefícios que derivam do consumo do que o preço do produto em si" (p. 231). Podemos ainda "tangibilizar" o valor percebido identificando-o como a "diferença entre os benefícios percebidos menos o preço percebido pelo consumidor" (Leszinki e Marn, *in* Raimar Richers, p. 231).

Em síntese, o valor econômico de um produto pode ser definido como o preço pelo qual o consumidor estaria disposto a adquiri-lo, conjugando as melhores alternativas, como preço de referência, acrescidas dos valores contidos nas alternativas, ditas valor de diferenciação. Dessa forma, o valor econômico total ou o preço máximo a ser pago por um bem agrega o valor de referência de alguma forma já mentalizado pelo consumidor, acrescido dos seus valores adicionais, positivos ou negativos, de diferenciação.

Kotler afirma que "algumas empresas praticam a definição de preço baseada em valor (ou baseada no consumidor). Elas estimam o valor máximo que o cliente pagaria pelo produto ou serviço. Não cobram esse valor, pois o comprador poderia resistir à compra; um pouco menos — o preço de valor — para deixar o cliente com uma 'vantagem do consumidor'".[3]

Percebe-se, em todas as definições, que a mensuração do valor percebido é fundamental para a correta precificação. Algumas técnicas procuram identificar esse valor, quantificando os atributos percebidos nos bens a serem avaliados. Essas técnicas são bastante recentes, datando, mais contundentemente, da década de 1980. Inicialmente, as pesquisas buscavam encontrar os preços que evitassem a supervalorização ou subvalorização do produto ou serviço, antes mesmo de identificar o valor justo associado às condições do mercado.

Chris Blamires (1998), no artigo "Pricing Research", apresenta uma retrospectiva das correntes de precificação, a partir da perspectiva do valor percebido pelo consumidor, identificando e descrevendo os principais métodos.

Na Inglaterra, onde liderou-se o processo na década de 1950, as pesquisas introdutórias giravam em torno da influência dos preços sobre os desejos dos consumidores, notadamente sobre mercados de produtos de rápida decisão de compra. Enquanto havia algum desenvolvimento do ambiente competitivo para testes de preços, ou seja, testes de escolha entre competidores alternativos, grande parte dos estudos da época era de natureza indireta em relação aos desejos dos consumidores. As respostas eram obtidas a partir de questões como "Ao preço X, você compraria este produto?", diferentemente do que ocorre num ambiente real de compra. Assim, mensurava-se a predisposição de compra em determinado nível de preço.

Alguns estudos e pesquisas foram posteriormente desenvolvidos, no sentido de melhor aquilatar as preferências do consumidor e seus

---

[3] Kotler, Philip. *Marketing para o século XXI*: como criar, conquistar e dominar mercados. São Paulo: Futura, 2003, p. 130.

padrões de consumo, correlacionando-os aos preços praticados. Uma grande contribuição foi dada por Van Westendorp, em 1976, que descreveu um simples mas valioso método de valorar produtos em termos monetários, denominado Price Sensitivity Meter (PSM). Esse método é também de natureza indireta, visto que as respostas não estão diretamente relacionadas às preferências do consumidor.

As técnicas indiretas apresentam aos entrevistados determinado produto/serviço por determinado preço e questionam a predisposição de compra. Com as respostas coletadas, procura-se inferir o seu comportamento e escolha. Produtos alternativos podem ou não ser apresentados ao entrevistado. Tendo informado sua resposta, nova opção de preço é proposta para o mesmo produto e a questão é repetida.

As técnicas diretas, ao contrário, mostram ao entrevistado um conjunto de produtos, cada qual por um preço determinado, solicitando a escolha de um item entre as opções. "Qual dessas alternativas você escolhe a este preço?" Nessas técnicas acreditamos ter refletido corretamente o cenário da decisão de compra e que os entrevistados sejam capazes de projetar a si próprios nessa situação, concluindo que nossa aferição é realista.

Como crítica a ambas as metodologias, podemos lembrar que as ocasiões de compra e do consumo podem diferir consideravelmente, desde o tipo do local de compra e consumo até a urgência na decisão. Assim, os preços podem variar substancialmente, sem que consigamos chegar a um denominador comum. Esse ponto não invalida as pesquisas, apenas denota a necessidade de realizá-las com maior acuidade, retratando tais diferenças.

Assim, existem alguns princípios básicos a serem seguidos na realização de uma pesquisa qualificada de preços, como:

- Definir uma amostra com características que reflitam o mercado a ser estudado. Algumas questões do tipo "Quem decide a compra? É o próprio comprador ou uma decisão partilhada? Quem influencia mais fortemente essa decisão?" devem ser consideradas por quem realiza a pesquisa de preços;
- Apresentar os fatores básicos que influenciam as decisões de compra. Definir a ocasião em que o produto/serviço vai ser adquirido, bem como consumido (quem, onde, quando), são abordagens

essenciais em uma pesquisa bem realizada, pois as expectativas e percepções dos consumidores divergem fortemente em função dessas alternativas;

- Apresentar alternativas realistas aos entrevistados, definindo claramente o mercado estudado, escolhendo uma técnica que maximize o realismo do cenário de compra. Esse ponto será mais bem abordado a seguir, quando apresentarmos as principais técnicas atualmente empregadas em pesquisas de preços.

5.4 Técnicas centradas no preço *versus* técnicas relacionadas ao preço

As técnicas centradas no preço são as que observam o comportamento do consumidor a partir, exclusivamente, de modificações nos preços propostos. O já citado **PSM** (**Price Sensitivity Meter**) é uma das principais, e caracteriza-se pela amostra de determinado bem, normalmente ainda em fase de testes; após o exame pelo entrevistado, apresenta-se uma escala de preços bastante vasta em que o mesmo irá definir, por exemplo, a partir de qual valor o produto passa a ser considerado caro, muito caro, barato ou muito barato. Essa técnica é frequentemente utilizada no desenvolvimento de novos produtos, em segmentos de baixa possibilidade de comparação ou competição, como: produtos farmacêuticos, novas drogas e novas tecnologias. A partir dessas respostas, obtêm-se curvas de preços distintas, que se interceptam e que indicam níveis de "barreiras" ou motivadores de entrada.

É sem dúvida um interessante instrumento de sensitividade de preços, mas peca, sobretudo, por considerar o preço isoladamente como o principal ou único fator de decisão de compra.

Gabor-Granger é outra técnica relativamente simples de administração e análise. Nela, o entrevistado indica a sua predisposição para adquirir o bem apresentado, em diferentes níveis de preços. A primeira resposta é anotada, seguindo-se as demais diante de novos preços. A análise é simples, pois indicará a proporção de respostas a cada nível de preços, obtendo-se uma curva de possíveis volumes de vendas e margens, de acordo com a frequência das respostas. Novamente, a mesma crítica ao **PSM** pode ser feita em relação a esse método, pois o preço é caracterizado como única variável definidora da decisão de compra. De qualquer forma, foi uma técnica inovadora e precursora das pesquisas de reação ao preço.

As técnicas diretas, ao contrário, preocupam-se em abordar os preços como mais uma variável, sem dúvida importantíssima, mas não única nas decisões de compra dos consumidores. As mais utilizadas são *Point-of-Sale* e *Brand-Price Trade-Off* (**BPTO**).

Point-of-Sale é a mais antiga e simples das técnicas. Através dela os entrevistados são apresentados a uma gama de produtos com preços preestabelecidos e devem responder a questões como: "Considerando os produtos e preços relacionados, qual deles você compraria?" Os preços do produto-teste ou dos demais concorrentes são alterados constantemente, e as questões são repetidas.

Como ponto negativo do teste, pode ser citado o fato de que um ou mais produtos constantes do processo podem não fazer parte do padrão de consumo dos entrevistados, distorcendo os resultados. Ademais, faz-se necessário que se distinga claramente o canal de distribuição sob análise, pois sabemos que as decisões de compra variam fortemente de acordo com o local de aquisição.

O **BPTO** foi desenvolvido originalmente como um caso especial de análise estatística multivariada, em que o entrevistado deve comparar diversas alternativas de produtos, com preços e demais atributos específicos. Essa técnica envolve a metodologia da **análise conjunta** no processo de coleta de dados e requer que os entrevistados indiquem suas escolhas dentre um conjunto de itens relevantes para sua decisão de compra.

Os diversos itens são apresentados concomitantemente aos entrevistados, para sua avaliação e decisão sobre qual recairá sua preferência. Um (ou mais deles) é o alvo da pesquisa. Na Tabela 5.1, veja um exemplo do teste retirado do artigo "Pricing Research", de Chris Blamires (1998):

Inicialmente, o entrevistado tem acesso apenas aos dados da primeira coluna e faz a escolha do item que mais lhe agrada. Após essa primeira decisão, apenas o item escolhido é alterado para o nível de preços subsequente, e o entrevistado deve novamente escolher o produto de sua preferência. Esse procedimento é repetido até que a maioria do *grid* de produtos esteja escolhida e é repetido com todos os entrevistados, sumarizando-se os resultados num *ranking* de preferências, de acordo com a frequência de respostas.

Tabela 5.1 – Exemplo de BPTO

	Níveis de preços pesquisados			
Item A	31p	32p	33p	34p
Item B	37p	38p	39p	40p
Item C	55p	57p	59p	61p
Item D	47p	48p	49p	50p
Item E	42p	43p	44p	45p

Fonte: "Pricing Research", de Chris Blamires (1998), p. 760-765.

Através da **análise conjunta**, também é possível avaliar as preferências dos consumidores. Diferentemente do modelo baseado no ranqueamento, são calculados os valores relativos de cada marca e preço estudados, as chamadas **utilidades**. Esse instrumento "tem sido utilizado em projetos tão diversos quanto *hardware* e *software* para hotéis, vestuário, automóveis e serviços de informação, para citar algumas áreas. A análise conjunta calibra o valor de um produto e sua expressão em termos monetários" (Dolan, Simon, 1998).

Entre as várias ferramentas estatísticas disponíveis, a análise conjunta (*conjoint analysis*) é a que melhor retrata uma situação geral de decisão de compra, envolvendo, inclusive, o atributo "preço de venda". Por meio dela, reproduz-se um cenário o mais realista possível, de um consumidor à frente de uma série de alternativas de produtos.

Histórico: Desde meados da década de 1970, a análise conjunta atraiu considerável atenção como método que retrata as decisões dos consumidores, como uma troca entre os muitos atributos de um produto ou serviço. O método alastrou-se, sendo muito usado em várias indústrias, com taxas de utilização crescentes no final de 1980. Durante a década de 1990, a aplicação cresceu ainda mais, variando para diversos campos de análise. A utilização no marketing foi bastante ampliada, sobretudo no desenvolvimento de novos produtos.

Definição: É uma técnica estatística multivariada, usada especificamente para compreender como os entrevistados definem as preferências por produtos ou serviços. Baseia-se na premissa de que os consumidores estimam o valor de um produto/serviço, real ou hipotético, combinando os valores somados provenientes de cada atributo percebido (utilidade).

Utilidade: conceito básico para mensurar valor em análise conjunta, é um julgamento subjetivo da preferência única de cada indivíduo. Esse conceito agrega todos os componentes de todos os bens, tangíveis ou intangíveis, e mede a preferência geral.

Na análise conjunta, a utilidade é assumida para ser baseada no valor observado em cada nível de atributos e expressa no relacionamento entre os atributos. No exemplo a seguir, a utilidade de cada fator/atributo foi quantificada e está correlacionada à coluna *part-worth*, ou seja, o valor identificado a cada parte do produto.

A análise conjunta é o único, dentre os métodos multivariados, em que o pesquisador inicialmente constrói um conjunto real ou hipotético de produtos ou serviços, combinando níveis selecionados de cada atributo. Essas combinações são apresentadas aos entrevistados, que informam suas avaliações gerais, não necessitando explicitar suas respostas, bastando identificar qual dos itens mais lhe agrada. Dentre as principais aplicações, podemos citar:

- Seleção de características a serem oferecidas em produtos/serviços novos ou reformulados;
- Estabelecimento de preços, a partir do valor percebido pelo consumidor;
- Previsão dos níveis resultantes de vendas ou uso;
- Teste de um novo conceito de produto.

Vale ressaltar que, para melhor compreensão, esse assunto deve ser precedido de estudo mais pormenorizado de estatística, envolvendo, principalmente, análise de variância (ANOVA), em que se baseia parte de seus fundamentos. Não é objetivo deste livro — tampouco sinto-me à vontade para fazê-lo — descrever o tema com característica mais técnica. Entretanto, de acordo com diversos artigos e exemplos de análise conjunta, exponho a seguir algumas de suas principais características. Para tanto, utilizamos um **modelo aditivo simplificado**, no qual o consumidor soma as partes de cada atributo, optando pelo bem que mais valores lhe agregarão.

Suponha que um indivíduo esteja definindo a aquisição de um veículo para uso próprio, na faixa de preços entre R$ 30 mil e R$ 34 mil. Dentre os atributos relevantes para a decisão de compra e seus respectivos níveis, selecionamos os constantes na Tabela 5.2.

Tabela 5.2 Atributos para decisão de compra

Atributo	Marca	Preço (R$Mil)	Potência do motor (HP)
Nível 1	A	32	1.600
Nível 2	B	33	1.800
Nível 3	C	34	2.000

Temos, então, três atributos e três níveis distintos para cada um, formando um conjunto de 27 alternativas de escolha (3 × 3 × 3) denominados **estímulos**. Esses estímulos serão pesquisados e avaliados de acordo com a relevância para o consumidor, somando-se os valores de cada atributo.

Essas alternativas de produtos hipotéticos são apresentadas aos entrevistados, que definem suas preferências de acordo com suas percepções. Utilizando as respostas de um possível entrevistado, apresentamos a metodologia de cálculo de um modelo aditivo simplificado (Tabela 5.3).

Em uma pesquisa mais ampla, seriam selecionados apenas alguns estímulos, reduzindo o grau de dificuldade e o tempo de resposta dos entrevistados.

De forma semelhante ao procedimento de análise de variância ANOVA, a análise conjunta baseia-se nos desvios em relação às médias gerais das amostras. A partir dos dados apresentados, apontamos a metodologia de cálculo, inclusive das utilidades que representam o valor total ou preferência de um objeto, como resultante dos valores de cada parte em cada nível.

O valor total para o produto será dado a partir da soma das partes de cada atributo:

Valor total do produto = valor da parte do nível i para fator 1 +

valor da parte do nível j para fator 2+..............

valor da parte do nível n para fator m

Tabela 5.3 Metodologia de cálculo

Marca	Preço	Potência	*Ranking* individual
A	32	1.600	18
A	32	1.800	4
A	32	2.000	1
A	33	1.600	21
A	33	1.800	7
A	33	2.000	5
A	34	1.600	25
A	34	1.800	14
A	34	2.000	11
B	32	1.600	19
B	32	1.800	12
B	32	2.000	2
B	33	1.600	22
B	33	1.800	8
B	33	2.000	6
B	34	1.600	26
B	34	1.800	17
B	34	2.000	13
C	32	1.600	20
C	32	1.800	15
C	32	2.000	3
C	33	1.600	23
C	33	1.800	10
C	33	2.000	9
C	34	1.600	27
C	34	1.800	24
C	34	2.000	16

Em relação ao entrevistado citado, com as preferências assinaladas, teríamos a Tabela 5.4:

Tabela 5.4 Quadro analítico do entrevistado

Fator marca	Ranqueamento	Média de ranqueamento dos níveis	Desvios para média geral
A	106	11,78	2,22
B	125	13,89	0,11
C	147	16,33	(2,33)

Fator preço R$	Ranqueamento	Média de ranqueamento dos níveis	Desvios para média geral
32.000	94	10,44	3,56
33.000	111	12,33	1,67
34.000	173	19,22	(5,22)

Fator potência HP	Ranqueamento	Média de ranqueamento dos níveis	Desvios para média geral
1.600	201	22,33	(8,33)
1.800	111	12,33	1,67
2.000	66	7,33	6,67

Inicialmente, apuramos os desvios para a média geral calculando, para cada nível de atributo, a soma de pontos que dará origem ao ranqueamento. A marca A, por exemplo, obteve 106 pontos. A seguir, dividimos esse valor (106) pelo número de vezes que o nível de atributo é apresentado ao entrevistado (nove vezes), obtendo 11,78, que é a média do nível de atributo. Depois, verificamos o valor médio de cada nível, que é dado pelo somatório de estímulos (1 a 27) dividido pelo número de estímulos, ou seja, 378/27 = 14. Finalmente, obtemos o desvio para a média de ranqueamento, com a subtração da média do nível e a média geral (14 − 11,78 = 2,22).

Podemos, assim, definir os valores das partes, ou ***part worths*** de cada atributo, que identificam as suas preferências (Tabela 5.5).

Uma pesquisa envolvendo análise conjunta requer várias fases em sua elaboração, desenvolvimento e avaliação de resultados. O processo

Tabela 5.5 Valores das partes de cada atributo

Nível do fator	Desvio revertido (a)	Desvio quadrado	Desvio padronizado (b)	*Part worth* estimado (c)	Diferença entre *part worths* (d)	Importância do fator (e)
A	2,22	4,94	0,2629	0,5127	1,075	15
B	0,11	0,01	0,0005	0,0224		
C	−2,33	5,44	−0,2920	−0,5404		
22.000	3,56	12,64	0,6702	0,8187	2,405	33
23.000	1,67	2,78	0,1476	0,3842		
24.000	−5,22	27,27	−1,4468	−1,2028		
1.600	−8,33	69,44	−3,6792	−1,9181	3,838	52
1.800	1,67	2,78	0,1476	0,3842		
2.000	6,67	44,44	2,3535	1,5341		
Soma dos desvios		170,14			7,3176	100
Valor padrão (f)		0,0529				

(a) Desvio revertido: destina-se a indicar a maior preferência para o menor ranqueamento.

(b) Desvio padronizado: igual ao desvio quadrado multiplicado pelo valor-padrão médio.

(c) *Part worth* estimado: igual à raiz quadrada do desvio padronizado.

(d) A diferença entre os *part worths* de cada atributo é medida pela soma, em módulo, dos *part worths* de cada nível de atributo.

(e) Divisão da diferença de *part worth* de cada atributo pelo total das diferenças.

(f) Valor-padrão obtido através da divisão entre o total do número de níveis (3 + 3 + 3), pela soma dos desvios quadrados.

é iniciado pela especificação dos objetivos da análise conjunta, que devem determinar as variáveis preferidas e seus respectivos níveis nas decisões dos consumidores. Além disso, é necessário estabelecer o modelo de julgamento mais apropriado às decisões do consumidor. Por exemplo: as correlações entre os atributos dos produtos assumem a forma de modelo aditivo, em que as partes dos bens são somadas de acordo com cada atributo e seu respectivo nível, ou assumem postura mais complexa?

O pesquisador precisa inicialmente definir as utilidades totais dos objetos, incluindo todos os atributos que criam e/ou destroem valor. Além disso, precisa estar seguro de haver incluído todos os fatores determinantes. O objetivo máximo é incluir os fatores que melhor diferenciam os objetos de decisão.

O segundo estágio começa na definição do método de análise conjunta a adotar para a pesquisa, incluindo os estímulos, níveis de atributos, métodos de coleta de dados e procedimentos para estimativas de resultados. Após definidos os atributos básicos, a questão é definir o melhor método a utilizar naquela pesquisa. Tal resposta é dada por três fatores distintos: número de atributos estudados, nível da análise e forma do modelo permitido.

A seguir, as diferentes opções de metodologia a serem empregadas:

- O modelo **tradicional** (*Traditional Conjoint Analysis,* TCA) caracteriza-se por representar um **modelo aditivo** (*Additive Conjoint Analysis*) com até nove variáveis de estudo, tendo sido o principal método utilizado nos estudos, por vários anos. Trata-se do modelo mais comum, no qual o entrevistado simplesmente adiciona os valores de cada atributo, ou os valores das partes, para obter o valor total da combinação de atributos. O exemplo dos modelos de automóveis retrata a sistemática aditiva.
- O modelo **adaptado** (*Adaptive Conjoint Analysis,* ACA) foi desenvolvido para análises com grande número de fatores de análise, às vezes superior a 30, não factíveis no modelo tradicional.
- O método **baseado na escolha** (*Choice Based Conjoint,* CBC), bastante recente e muito utilizado em pesquisas de desenvolvimento de produtos e seus atributos, questiona o entrevistado sobre o seu desejo de optar por uma ou outra alternativa apre-

sentada, ou nenhuma delas, certificando uma situação muito mais realista de um processo decisório de compra. Enquanto as demais técnicas baseiam-se em processos de ranqueamento ou de gradação de cada alternativa e, de acordo com as respostas, obtêm-se os atributos e pesos percebidos, esse método concentra-se na escolha de cada estímulo, em detrimento de outro ou de nenhum deles.

Para que o leitor possa entender e testar as metodologias, a seguir temos dois exemplos dos modelos de análise conjunta mais utilizados, iniciando pela TCA. Esse modelo poderá ser testado através da planilha **Análise conjunta TCA**, disponível no conteúdo complementar.

Para mostrar os dois modelos, vamos utilizar o exemplo do mercado de refrigerantes *premium*, considerando três atributos (marca, preço e embalagem) e quatro níveis para cada atributo. É fundamental ressaltar que se trata apenas de um exemplo, sem nenhum interesse em demonstrar as minhas preferências, e que foi preenchido de modo totalmente aleatório. O leitor pode testar sua percepção e a de seus colegas preenchendo os campos de R1 a R10 (respondentes 1 a 10) da pasta **Opções**, indicando 16 como o estímulo mais desejado e 1 para o menor valor, não esquecendo de indicar os itens de 2 a 15, de acordo com a sua preferência.

Toda pesquisa de análise conjunta deve ser precedida de algumas explicações aos entrevistados, bem como pode ser segmentada em nichos específicos, considerando, por exemplo, fatores demográficos, faixas etárias, sexo etc., de tal forma que consigamos identificar alguns mercados específicos.

Assim, poderíamos introduzir a pesquisa aos entrevistados da seguinte maneira: você será entrevistado em uma pesquisa que procura identificar as preferências do consumidor em relação a algumas marcas de refrigerantes. Considere uma situação de compra em um supermercado, na qual você irá adquirir quantidade suficiente para abastecer sua residência ao longo de um mês. Todos os produtos da pesquisa serão comercializados no volume de um litro, independentemente da embalagem. Quais opções você escolheria, dentre as 16 possíveis, listadas na Tabela 5.6, considerando a opção 16 como a preferida e a número 1 como a de menor apelo?

Tabela 5.6 Opções de escolha da pesquisa

Estímulo	Marca	Preço R$/unidade	Embalagem
1	Fanta Laranja	1,5	Plástico
2	Coca-Cola	1,7	Plástico
3	Guaraná Antarctica	1,9	Plástico
4	Pepsi-Cola	2,1	Plástico
5	Fanta Laranja	2,1	*Long neck*
6	Coca-Cola	1,9	*Long neck*
7	Guaraná Antarctica	1,7	Vidro retornável
8	Pepsi-Cola	1,5	Vidro retornável
9	Fanta Laranja	1,7	Lata
10	Coca-Cola	1,5	Lata
11	Guaraná Antarctica	2,1	Lata
12	Pepsi-Cola	1,9	Lata
13	Fanta Laranja	1,9	Vidro retornável
14	Coca-Cola	2,1	vidro retornável
15	Guaraná Antarctica	1,5	*Long neck*
16	Pepsi-Cola	1,7	*Long neck*

Perceba que, das 256 possíveis combinações entre níveis de atributos, apenas apresentamos 16, que retratam de modo balanceado a apresentação de cada nível de atributo. Além disso, as opções não precisam ser necessariamente reais, pois somente dessa forma conseguiremos captar os verdadeiros pesos relativos a cada atributo.

A seguir, os passos para resolução e avaliação do valor percebido por atributo:

1º Passo: Eleger, de 1 a 16, os seus refrigerantes preferidos. Apenas para efeito das fórmulas utilizadas, considere 16 o de maior aceitação e 1 o menos aceito.

2º Passo: Preencher a planilha **Análise conjunta TCA** identificando, na pasta **Opções**, nas colunas de **E** a **N**, as opções dos pesquisados.

3º Passo: Verificar na pasta **Resultado**, na coluna **H**, os pesos relativos a cada um dos fatores (marca, preço, embalagem).

4º Passo: Veja, na pasta **Gráfico**, os valores de cada nível de atributos.

5º Passo: Acesse a pasta **Resumo**, que consolida para cada estímulo o respectivo *part worth*, bem como o valor percebido relativo a cada um, considerando o *part worth* máximo equivalente a 100% de valor, e assim sucessivamente.

Apenas a título de explicação, observe os resultados de um possível conjunto de 10 respondentes da pesquisa nas Tabelas 5.7 e 5.8.

As conclusões que podemos tirar das respostas são as seguintes:

- O principal fator percebido é a embalagem, com peso de 61% na decisão de compra. Na coluna *part worth*, ou valor da parte, percebemos nítida preferência pelo nível *long neck*;
- A marca representa o segundo fator de decisão (23%), e a Pepsi-Cola é a que acrescenta maior valor;
- O atributo "preço" é pouco relevante para esses consumidores, representando apenas 16% de suas decisões de compra. Repare que a elasticidade é mínima entre os níveis R$ 1,50 e R$ 1,70, e também na faixa superior.

Dessa forma, após uma série de entrevistas, uma empresa participante desse mercado poderia identificar os pesos relativos a cada atributo valorizando os de maior valor percebido pelos consumidores-alvo, abandonando a ideia simplista de que o preço é exclusivamente ditado pelo mercado.

Outra análise pode ser realizada através do modelo CBC, baseado na escolha. Nesse modelo, elaboramos alguns questionários diferentes, procurando fazer com que o entrevistado, dentre as alternativas propostas, escolha aquela que lhe proporciona o maior valor. Para tanto, elaboramos um questionário com, aproximadamente, 14 tarefas, que equivalem a diferentes alternativas de apresentação do produto, misturando os níveis dos atributos de tal forma que o entrevistado não consiga identificar qual a empresa ou marca solicitante da pesquisa, quando assim o desejarmos. Através de um exemplo, totalmente hipo-

Tabela 5.7 Opções

	Marca	Preço R$/unidade	embalagem	R1	R2	R3	R4	R5	R6	R7	R8	R9	R10	Média
Estímulo 1	Fanta Laranja	1,5	plástico	1	2	1	16	3	1	2	1	16	3	4,6
Estímulo 2	Coca-Cola	1,7	plástico	3	4	2	15	6	3	4	2	15	6	6
Estímulo 3	Guaraná Antarctica	1,9	plástico	5	6	3	14	9	5	6	3	14	9	7,4
Estímulo 4	Pepsi-Cola	2,1	plástico	7	8	4	13	12	7	8	4	13	12	8,8
Estímulo 5	Fanta Laranja	2,1	long neck	9	10	5	12	15	9	10	5	12	15	10,2
Estímulo 6	Coca-Cola	1,9	long neck	11	12	6	11	16	11	12	6	11	16	11,2
Estímulo 7	Guaraná Antarctica	1,7	vidro retornável	13	14	7	10	1	13	14	7	10	1	9
Estímulo 8	Pepsi-Cola	1,5	vidro retornável	15	16	8	9	2	15	16	8	9	2	10
Estímulo 9	Fanta Laranja	1,7	lata	2	1	9	8	4	2	1	9	8	4	4,8
Estímulo 10	Coca-Cola	1,5	lata	4	3	10	7	5	4	3	10	7	5	5,8
Estímulo 11	Guaraná Antarctica	2,1	lata	6	5	11	6	7	6	5	11	6	7	7
Estímulo 12	Pepsi-Cola	1,9	lata	8	7	12	5	8	8	7	12	5	8	8
Estímulo 13	Fanta Laranja	1,9	vidro retornável	10	9	13	4	10	10	9	13	4	10	9,2
Estímulo 14	Coca-Cola	2,1	vidro retornável	12	11	14	3	11	12	11	14	3	11	10,2
Estímulo 15	Guaraná Antarctica	1,5	long neck	14	13	15	2	13	14	13	15	2	13	11,4
Estímulo 16	Pepsi-Cola	1,7	long neck	16	15	16	1	14	16	15	16	1	14	12,4
				136	136	136	136	136	136	136	136	136	136	136

Tabela 5.8 Resultados

	ranking médio do estímulo	ranking médio do nível	Desvio	Desvio quadrado	Desvio padronizado	Parte-valor estimada	Fator de importância %	*part worth*
Marca								
Fanta Laranja	7,20	8,50	(1,30)	1,690	-1,277	-1,130		0,16
Coca-Cola	8,30	8,50	(0,20)	0,040	-0,030	-0,174		0,39
Guaraná Antarctica	8,70	8,50	0,20	0,040	0,030	0,174		0,47
Pepsi-Cola	9,80	8,50	1,30	1,690	1,277	1,130		0,69
						2,608	23%	
Preço								
1,5	7,95	8,50	(0,55)	0,303	-0,229	-0,478		0,32
1,7	8,05	8,50	(0,45)	0,202	-0,153	-0,391		0,34
1,9	8,95	8,50	0,45	0,202	0,153	0,391		0,52
2,1	9,05	8,50	0,55	0,303	0,229	0,478		0,54
						1,739	16%	
embalagem								
plástico	6,70	8,50	(1,80)	3,240	-2,449	-1,565		0,06
long neck	11,30	8,50	2,80	7,840	5,925	2,434		1,00
vidro retornável	9,60	8,50	1,10	1,210	0,915	0,956		0,65
lata	6,40	8,50	(2,10)	4,410	-3,333	-1,826		-
						6,781	61%	
Soma dos								
Desvios quadrados				21,17		11,128	100%	
Valor padronizado				0,756				
valor máximo	11,30							
valor mínimo	6,40							

tético, podemos dimensionar algumas preferências dos consumidores-alvo daquele bem. Nossa pesquisa procura medir as preferências de consumidores de refrigerantes, que os adquirem em supermercados, para consumo caseiro. Assim, para identificar melhor, elaboramos a seguinte apresentação.

Você será entrevistado em uma pesquisa que procura identificar as preferências do consumidor em relação a algumas marcas de refrigerantes, de acordo com a técnica CBC (*Choice Based Conjoint Analysis*). Considere uma situação de compra em um supermercado, na qual você irá adquirir quantidade suficiente para abastecer sua residência ao longo de um mês. Todos os produtos da pesquisa serão comercializados no volume de um litro, independentemente da embalagem. Identifique, em cada tarefa, apenas uma das alternativas, de acordo com a sua preferência, marcando X na resposta da coluna **Conceito**. Responda, por gentileza, a todas as alternativas propostas (Tabela 5.9).

Tabela 5.9 Técnica CBC

Conceito	Preço	Marca	Embalagem
Tarefa 1			
1	R$ 1,50	Coca-Cola	Plástico
2	R$ 1,70	Guaraná Antarctica	*Long neck*
3	R$ 1,90	Pepsi-Cola	Vidro retornável
4	R$ 2,10	Fanta Laranja	Lata
5	Nenhuma		
Tarefa 2			
1	R$ 2,10	Pepsi-Cola	*Long neck*
2	R$ 1,50	Fanta Laranja	Vidro retornável
3	R$ 1,90	Guaraná Antarctica	Plástico
4	R$ 1,70	Coca-Cola	Lata
5	Nenhuma		

(continua)

(continuação)

Conceito	Preço	Marca	Embalagem
Tarefa 3			
1	R$ 2,10	Guaraná Antarctica	Plástico
2	R$ 1,50	Pepsi-Cola	Lata
3	R$ 1,90	Coca-Cola	*Long neck*
4	R$ 1,70	Fanta Laranja	Vidro retornável
5	Nenhuma		
Tarefa 4			
1	R$ 1,90	Fanta Laranja	Lata
2	R$ 1,70	Pepsi-Cola	Plástico
3	R$ 1,50	Guaraná Antarctica	*Long neck*
4	R$ 2,10	Coca-Cola	Vidro retornável
5	Nenhuma		
Tarefa 5			
1	R$ 1,90	Guaraná Antarctica	*Long neck*
2	R$ 1,50	Coca-Cola	Vidro retornável
3	R$ 1,70	Fanta Laranja	Lata
4	R$ 2,10	Pepsi-Cola	Plástico
5	Nenhuma		
Tarefa 6			
1	R$ 1,90	Fanta Laranja	Vidro retornável
2	R$ 1,50	Guaraná Antarctica	*Long neck*
3	R$ 2,10	Coca-Cola	Plástico
4	R$ 1,70	Pepsi-Cola	Lata
5	Nenhuma		

(continua)

(continuação)

Conceito	Preço	Marca	Embalagem
Tarefa 7			
1	R$ 1,50	Pepsi-Cola	Plástico
2	R$ 1,70	Guaraná Antarctica	Vidro retornável
3	R$ 1,90	Coca-Cola	Lata
4	R$ 2,10	Fanta Laranja	*Long neck*
5	Nenhuma		
Tarefa 8			
1	R$ 1,50	Pepsi-Cola	*Long neck*
2	R$ 1,90	Fanta Laranja	Vidro retornável
3	R$ 1,70	Coca-Cola	Plástico
4	R$ 2,10	Guaraná Antarctica	Lata
5	Nenhuma		
Tarefa 9			
1	R$ 2,10	Pepsi-Cola	Vidro retornável
2	R$ 1,50	Guaraná Antarctica	*Long neck*
3	R$ 1,70	Fanta Laranja	Plástico
4	R$ 1,90	Coca-Cola	Lata
5	Nenhuma		
Tarefa 10			
1	R$ 1,90	Pepsi-Cola	*Long neck*
2	R$ 2,10	Guaraná Antarctica	Vidro retornável
3	R$ 1,70	Coca-Cola	Plástico
4	R$ 1,50	Fanta Laranja	Lata
5	Nenhuma		

(continua)

(continuação)

Conceito	Preço	Marca	Embalagem
Tarefa 11			
1	R$ 1,70	Fanta Laranja	*Long neck*
2	R$ 1,50	Pepsi-Cola	Lata
3	R$ 2,10	Coca-Cola	Vidro retornável
4	R$ 1,90	Guaraná Antarctica	Plástico
5	Nenhuma		
Tarefa 12			
1	R$ 1,70	Guaraná Antarctica	Plástico
2	R$ 2,10	Fanta Laranja	Vidro retornável
3	R$ 1,90	Pepsi-Cola	*Long neck*
4	R$ 1,50	Coca-Cola	Lata
5	Nenhuma		
Tarefa 13			
1	R$ 1,70	Pepsi-Cola	Lata
2	R$ 2,10	Coca-Cola	*Long neck*
3	R$ 1,50	Guaraná Antarctica	Vidro retornável
4	R$ 1,90	Fanta Laranja	Plástico
5	Nenhuma		
Tarefa 14			
1	R$ 1,70	Guaraná Antarctica	Vidro retornável
2	R$ 1,90	Coca-Cola	Plástico
3	R$ 1,50	Fanta Laranja	*Long neck*
4	R$ 2,10	Pepsi-Cola	Lata
5	Nenhuma		

(continua)

Assim como no método TCA, vamos supor que 10 pessoas tenham respondido a essa pesquisa, conforme apresentado na pasta **Rodízio**, da planilha **Análise conjunta CBC** (ver conteúdo complementar). Ao contrário da análise anterior, em que os dados eram totalmente aleatórios, essa pesquisa foi realizada com 10 alunos, durante uma aula do curso de MBA em *marketing*. Dessa pequena amostra, sem nenhuma respeitabilidade estatística, podemos detectar algumas respostas importantes de mercado. Através da ferramenta *count,* em que mensuramos o percentual de vezes em que o nível apresentado foi o escolhido, dentre todas as oportunidades em que foi mostrado, podemos mensurar a sua importância para os pesquisados. Nessa pequena amostra, obtivemos as respostas para o atributo **preço** mostradas no Gráfico 5.1.

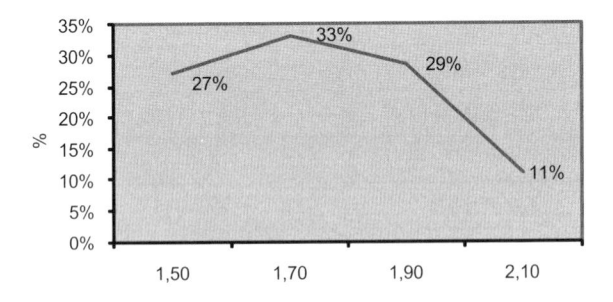

Gráfico 5.1 Análise de preços através da ferramenta *Count.*

Podemos inferir que 27% da preferência dos entrevistados esteja vinculada ao menor preço e que esse índice aumenta com o preço de R$ 1,70. Normalmente, essa resposta deveria gerar inúmeros questionamentos, mas nunca deveremos esquecer que trata-se de uma análise conjunta, em que são medidos, simultaneamente, preços, marcas e embalagens. A possível inclusão de um nível bastante valorizado desses atributos, associado a um nível de preços maior, pode ser o responsável pela indiferença do consumidor ao preço superior.

A mesma análise foi feita para as marcas e embalagens e chegamos aos dados dos Gráficos 5.2 e 5.3.

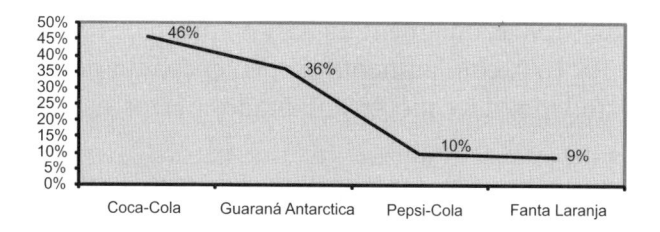

Gráfico 5.2 – Análise de marcas através da ferramenta *Count.*

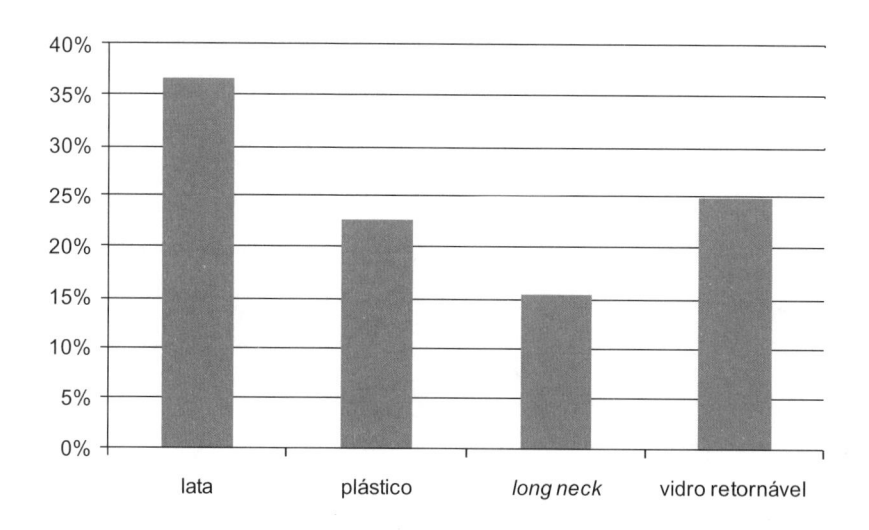

Gráfico 5.3 Análise de embalagens através da ferramenta *Count.*

Finalizando, podemos ainda avaliar a elasticidade potencial das marcas medindo as respostas *count* a cada nível de preços. Devemos entender esses valores da seguinte forma: tomando a Coca-Cola como exemplo, quando apresentada aos pesquisados ao preço de R$ 1,50 nas diversas embalagens, recebeu uma preferência de 43%. Quando apresentada a R$ 1,70, a preferência foi de 70%. Nessas mesmas alternativas de escolha, o pesquisado, quando confrontado com as outras possibilidades, preferiu, em 70% das vezes, a marca Coca-Cola. Nesse mesmo momento, o pesquisado tinha alternativas das demais marcas a preços e embalagens distintos. A preferência do pesquisado cai a 45% quando o preço chega a R$ 1,90 e, finalmente, a 25% ao preço de R$ 2,10. O desvio inesperado a R$ 1,70, com aumento da percepção do pesquisado, deve ser melhor estudado, devendo ser creditado a erros na elaboração do questionário.

Essa mesma análise deve ser feita para cada marca e preço, incluindo a embalagem, para definir o conjunto de níveis de atributos que maior valor agrega ao potencial consumidor (Gráfico 5.4).

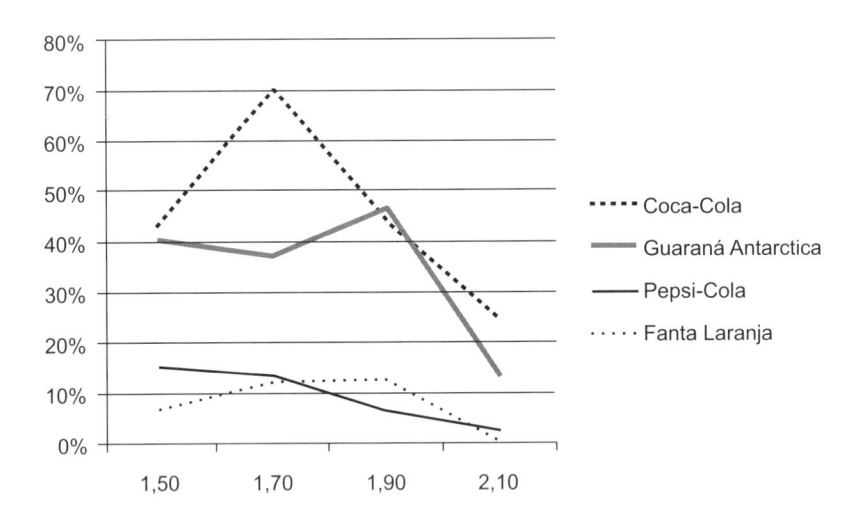

Gráfico 5.4 – Análise (através da ferramenta *Count*) do valor potencial que as marcas agregam ao produto, englobando marca, preço e embalagem.

Principais conclusões do método CBC:

- Torna a pesquisa mais realista, pois permite a escolha de cada alternativa sem ranqueamento;
- Devem ser elaborados diversos modelos de questionário, de tal forma a evitar desvios, tal como o apontado para Coca-Cola a R$ 1,70;
- Esse procedimento exige *softwares* poderosos, que geram alternativas de escolha de modo randômico, sem a interferência "humana";

- Permite apurar as elasticidades potenciais de produtos existentes ou a serem desenvolvidos;
- Segundo a Sawtooth Software, empresa pioneira no conceito da análise conjunta e desenvolvedora de *softwares* específicos, trata-se do modelo mais utilizado (82% das empresas, segundo relatório de 2008).

Esse é apenas um exemplo bastante resumido de análise conjunta, mas permite inferir a potencialidade da ferramenta. Para os leitores interessados no tema, sugiro consultar os *sites* constantes da bibliografia antes de qualquer aplicação prática, já que, por se tratar de ferramenta de pesquisa relativamente complexa, é fundamental que seja assimilada plenamente antes de qualquer utilização.

A planilha **Análise conjunta TCA**, na pasta **Opções**, contém campos avermelhados que não devem ser alterados, pois correspondem à montagem automática de uma pesquisa. Basta alterar os níveis dos atributos em negrito, pois automaticamente o restante das pastas estará preparado para a análise e respostas de nova pesquisa. Da mesma forma, na planilha **Análise conjunta CBC**, para montar nova pesquisa de um item de seu interesse, basta alterar os campos em negrito na pasta **Rodízio** e preencher as questões formuladas, considerando o número 1 quando a opção for a desejada, similarmente à planilha atual. Igualmente, todas as demais pastas serão atualizadas automaticamente.

6

▪ ▪ ▪ ▪ ▪

Aspectos mercadológicos: métodos de adequação de preços

Após a introdução de produtos e serviços, várias práticas são adotadas para adequar os preços de venda. O conhecimento dos perfis dos clientes, dos mercados e de suas expectativas permitem a adoção de práticas mais objetivas e apropriadas. Observa-se uma grande preocupação em estudar e trabalhar os chamados micromercados, por meio de estratégias de preços voltadas para o cliente individual. Um bom número de empresas, em todos os setores, busca conhecer o perfil de seus consumidores, como, por exemplo, a Dell Computers, que vende via Internet o modelo com os padrões definidos pelo próprio comprador. Principalmente em algumas atividades de prestação de serviços, a ideia de atuar e trabalhar micromercados, ou seja, analisar, cliente a cliente, as possibilidades de maximizar a receita e as margens, ganhou ênfase especial.

6.1 *Revenue management*

Em setores em que seja rápida a obsolescência do bem ofertado, é comum as empresas estabelecerem os preços de acordo com o nível de demanda. Esse conceito, oriundo do mercado de aviação comercial, recebeu originalmente a denominação de ***revenue management*** (**RM**), ou seja, gestão das receitas. Em termos bastante simples, o conceito busca assegurar que as empresas vendam o produto certo, na hora certa, para o cliente certo, pelo preço certo. Evidentemente, em vez de analisar o mercado de modo mais amplo, é necessário avaliar cada micromercado e suas características, adequando o preço de modo particular.

O RM surgiu em meados da década de 1970, no setor da aviação comercial, nos Estados Unidos, após um aumento muito grande na demanda por tarifas reduzidas, oferecidas por empresas com voos *charter*. Com isso, as grandes companhias, como a American Airlines, viram seus resultados minguarem e os riscos aumentarem enormemente. Naquele momento, a direção da empresa percebeu que voava com meia ocupação, portanto sem qualquer geração de receita nos assentos vazios, com chances de competir com as empresas *charter*. Resumidamente, a empresa identificou os percursos que tinham ocupação mais reduzida e passou a segmentar a aeronave, de acordo com a antecedência de reserva para a data do voo. Com isso, aproveitando uma das premissas para a implementação do RM, que é o custo variável incremental desprezível, para cada novo passageiro a empresa desenvolveu uma estratégia de preços focada nos micromercados, ou seja, uma tarifa para cada grupo potencial de clientes.

Atualmente, o setor aéreo tem como princípio a adoção de diversos níveis de preços para a mesma rota e aeronave. Esses valores oscilam em função, por exemplo, da antecedência da reserva, do nível de ocupação dos assentos, do perfil do consumidor. O setor hoteleiro também pratica o RM, considerando sazonalidade, nível de ocupação dos quartos, eventos especiais no município, dias de permanência no hotel.

Qual o principal fator em comum entre essas duas atividades? Basicamente, não há como recuperar um assento aéreo não utilizado ou um quarto não ocupado; então, em função das variáveis enumeradas, talvez seja necessário reduzir os preços a níveis bastante inferiores aos normais, de modo a preencher os espaços disponíveis, maximizando a utilização.

Outras atividades com fatores similares, como locação de veículos, restaurantes, casas de espetáculo, também utilizam o conceito. Muitas vezes, almoçamos no mesmo restaurante, em horários diferentes, pagando valores diferentes. Evidentemente, a partir de determinado horário, a demanda diminui consideravelmente e a redução de preços passa a ser um atributo de diferenciação importante.

Outra característica comum, importante para a implementação do conceito, é a pequena participação dos custos variáveis na estrutura de custos do serviço ofertado. Tome, como exemplo, um avião que deve decolar com 50 passageiros. Seus custos e despesas variáveis são, em princípio, o combustível, a mão de obra direta, os impostos sobre o faturamento, o material de serviço de bordo e a comissão do agente que vendeu o bilhete, quando houver. Basta perguntar quais os acréscimos de custos originados por um passageiro adicional e veremos que são praticamente nulos, o que viabiliza a prática de preços mais baixos, caso o nível de ocupação seja baixo e o avião esteja prestes a decolar.

No mesmo sentido, as grandes redes hoteleiras assumem que os preços podem variar, no mesmo local, para clientes diferentes, em quartos diferentes, em função de variáveis, tais como: taxa de ocupação, eventos especiais no município, sazonalidade etc. Em 23/6/2008, o *Valor* apresentou assim o assunto:

> Há um vício no mercado hoteleiro batizado de 'síndrome do Afeganistão'. Trata-se daquele atendente no balcão, com preguiça de preencher o cadastro do hóspede, que coloca sempre 01 no item procedência, número que identifica o país. Para mostrar uma forma menos afegã de lidar com a gestão da ocupação, o Senac e o FOHB (Fórum dos Operadores Hoteleiros do Brasil) organizam hoje o 1º Seminário Internacional de Revenue Management Hoteleiro, no Campus do Senac, em São Paulo. No evento será apresentado o *case* da Accor, que com a implantação do Revenue Management espera um incremento de 10% a 30% na receita da rede este ano.

Existem vários pré-requisitos para a adoção do RM, e entre eles a principal é a viabilidade de segmentação do mercado, que originará diferentes perfis de atuação e de preços. Utilizando um exemplo de Kleber Figueiredo, de "Gestão da capacidade e da demanda em serviços logísticos" (2ª parte), a lógica financeira por trás da prática de diferentes preços pode ser explicada graficamente (Gráficos 6.1 e 6.2).

No Gráfico 6.1, temos apenas três níveis de preços praticados e os respectivos volumes de vendas de assentos. Evidentemente, a preços mais baixos, o nível de ocupação será maximizado, sem, contudo, acrescentar maiores resultados financeiros. Inversamente, mediante altos preços, o volume vendido será muito baixo, com resultado similar ao de preços baixos. A receita total é calculada pela área do retângulo, com vértice na

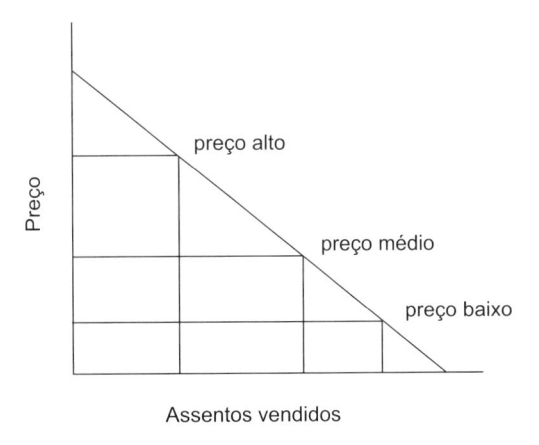

Gráfico 6.1 Assentos vendidos antes do *revenue management*.

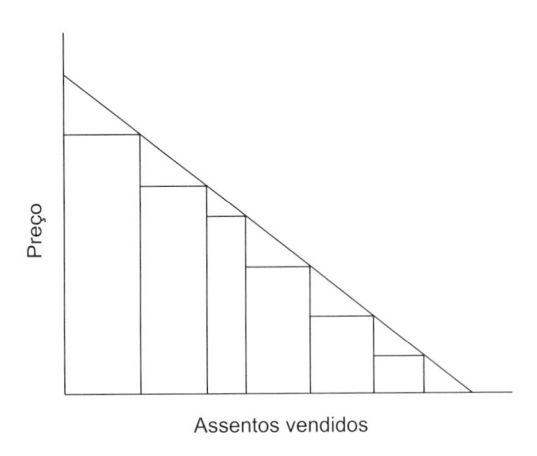

Gráfico 6.2 Assentos vendidos após o *revenue management*.

origem e o vértice oposto sobre a reta da demanda. Como se vê, há uma grande área não explorada, o que será feito no Gráfico 6.2.

O acréscimo de novas classes de clientes e seus preços correspondentes preenche praticamente todos os espaços, de modo que a maioria esmagadora dos clientes potenciais seja atendida e a receita seja fruto da soma das áreas dos pequenos retângulos formados a cada nível de preços.

Creio que, além dos preços a partir do valor percebido, apresentados no capítulo anterior, o *revenue management* seja o conceito mais interessante surgido nessa área, com grande aplicabilidade prática, resultados extremamente positivos e, principalmente, com poucos profissionais habilitados para realizá-lo, o que configura uma ótima oportunidade profissional. Basta acessar a Internet e perceber a quantidade de *sites* e empresas que tratam do assunto no exterior para concluir que, em breve, o Brasil também estará entre os maiores usuários da técnica.

Outro setor que possui enorme potencial de exploração dos conceitos do RM é o de restaurantes. Se pensarmos nos pré-requisitos para a sua adoção, podemos identificar:

- Espaço finito, ou seja, é preciso maximizar os assentos;
- Cardápios que envolvem prazos de produção diferentes, portanto mantêm os clientes por tempos diferentes nas instalações, muitas vezes com consumo zero, durante a espera do prato;
- Custos fixos predominantes e custos variáveis incrementais reduzidos, limitados aos insumos contidos no cardápio;
- Níveis de ocupação totalmente diferentes, de acordo com os horários e dias da semana;
- Perfis de consumidores perfeitamente segmentáveis, pelo horário das refeições e dias da semana (famílias, executivos, adolescentes etc.).

Para os que se interessam em se aprofundar no tema, sugiro, entre outros *sites*, apontados na Bibliografia, o da Universidade de Cornell (http://www.hotelschool.cornell.edu/), que possui diversos artigos muito interessantes sobre RM.

A utilização do conceito no segmento comercial ou industrial é prejudicada pela dificuldade de implementar níveis de preços muito distintos entre locais de distribuição.

De qualquer forma, algumas empresas mais preparadas e fortemente voltadas para o conhecimento dos valores percebidos por seus clientes procuram, de alguma forma, estabelecer preços de acordo com os canais de distribuição. Basta fazer a seguinte pergunta: o valor percebido pelo atributo preço de um consumidor de Coca-Cola em uma loja de conveniência é o mesmo em relação ao que adquire o mesmo produto em um supermercado, para posterior consumo, ou em um bar à beira da praia, num dia típico de verão carioca? Evidentemente, não! Por isso, é fundamental conhecer essas percepções, no intuito, inclusive, de auxiliar na formação de preços dos diversos canais de venda do produto.

Já que mencionamos a Coca-Cola, veja na Tabela 6.1 as diferenças de preços encontradas nas de latas de 350 ml vendidas na cidade de Bonn, Alemanha, de acordo com o livro *O poder dos preços* (p. 136):

Tabela 6.1 Preços da Coca-Cola (lata de 350 ml) em Bonn

Ponto de venda	Preço (marcos)	Índice
Hipermercado	0,64	100
Mercearia	0,69	108
Padaria	0,80	125
Máquinas em universidades	0,90	141
Postos de gasolina	1,20	188
Máquinas nas ruas	1,50	243
Banca de jornais de rua	1,60	250
Banca de jornais de aeroporto	2,00	312
Banca de jornais de estação ferroviária	2,20	344

O exemplo é bastante elucidativo a respeito das potencialidades que a perfeita avaliação dos perfis de consumidores permite na elaboração dos preços de venda.

O RM nada mais é que um procedimento de adequação dos preços de venda. No caso específico, estamos falando de um produto ou serviço e seus diferentes valores potenciais. Mas essa adequação pode ser feita de maneira distinta, por meio da linha de produtos, da identificação dos perfis dos compradores ou da característica da negociação.

Uma linha diversificada de produtos permite a separação dos consumidores por si próprios. Veja o exemplo da Gillette, na linha de lâminas de barbear, com diversos produtos voltados para públicos-alvo bastante distintos e concorrentes atuantes, principalmente, nos segmentos de menor valor agregado. A empresa procura atingir todos os nichos de mercado, maximizando o lucro geral. Certamente, o Mach 3 não poderia inibir as vendas dos produtos descartáveis da BIC, por exemplo, voltados para consumidores mais atentos a preços baixos. Por isso, a empresa tem uma linha descartável, Prestobarba, com preços de combate.

Quando a empresa identifica claramente as características de seus consumidores, ela pode adequar seus preços, sempre no intuito de maximizar suas margens. Vejamos alguns exemplos:

- Restaurantes do tipo rodízio e cinemas: adultos pagam valor inteiro e crianças apenas meia tarifa;
- Bailes de carnaval: homens pagam entrada completa, e mulheres, a metade;
- Estádios de futebol: adultos pagam inteira e crianças até 10 anos não pagam nada.

Em todos esses exemplos, fica clara a disposição dos ofertantes em criar atributos positivos para os demandantes, a custos reduzidos. Certamente, por exemplo, os apelos das crianças para comparecerem a um jogo de futebol, principalmente se o Santos Futebol Clube estiver envolvido, farão com que o número de pais presentes aumente consideravelmente, elevando as margens de contribuição do espetáculo. Da mesma forma, se as crianças fossem obrigadas a pagar ingresso, haveria um forte fator inibidor.

Finalmente, considere o mercado de *software* de gestão empresarial. As negociações envolvem preços de venda decrescentes unitariamente, de acordo com o número de usuários. Essa é uma negociação típica de desconto, de acordo com o volume de compradores, pois o que se avalia é o preço do pacote geral e não o valor unitário de cada cópia.

Sabemos que os custos variáveis de um usuário adicional de um pacote de *software* são muito reduzidos, o que facilita a prática da concessão de descontos progressivos, de acordo com o número de usuários. Em última instância, o objetivo dessa adequação de preços continua sendo maximizar as margens de contribuição do pacote.

Da mesma forma, quando as empresas aéreas estabelecem seus programas de fidelidade mediante a oferta de passagens gratuitas, após determinado número de viagens pagas, elas estão concedendo um desconto não facilmente perceptível, no momento da compra do bilhete, mas que certamente influi positivamente na opção pela companhia preferida.

6.2 Preços psicológicos

Provavelmente, o leitor já decidiu, algumas vezes, adquirir um artigo, principalmente de baixo preço, pela maneira como ele foi precificado. Atualmente, proliferam os exemplos de produtos com preços arredondados, ou estranhos, como 1,99, ou 2,89 etc.

Quando uma empresa estabelece seus preços dessa forma, ela acredita que o comprador decida pelo valor inteiro, ou seja, 1 ou 2, nos números citados. Num segundo estágio de decisão, prevalecem as casas decimais subsequentes.

Desconheço, até para melhor ilustração, exemplos de estudos realizados em empresas nacionais acerca de resultados de práticas de preços arredondados. Na Bibliografia, dispomos de uma avaliação realizada no mercado norte-americano e retratada por Nagle e Holden, em *The Strategy and Tactics of Pricing*, que reproduzo a seguir.

De acordo com os autores, uma pequena mercearia obteve os dados mostrados na Tabela 6.2:

Tabela 6.2 Preços em uma mercearia

	Preço ($/lb)	Vendas (unidades)
Marca A		
Preço normal	0,83	2.817
Preço com desconto	0,63	8.283 (+194%)
Preço arredondado	0,59	14.567 (+406%)
Marca B		
Preço normal	0,89	5.521
Preço com desconto	0,71	9.120 (+65%)
Preço arredondado	0,69	17.814 (+222%)

Fonte: Nagle e Holden, *The strategy and tactics of pricing,*

No primeiro exemplo, temos o grande efeito da redução para $ 0,59, que é visto como um preço na "ordem" dos 50, apesar de tão próximo dos 60. Verifique a elasticidade preço–demanda originada e constate que, caso houvesse espaço de custos a trabalhar, a empresa teria precificado a contento o seu produto.

Minha opinião pessoal é que essa prática é válida para produtos cuja decisão de compra é rápida, com o consumidor tendo à frente várias escolhas e optando por aquele que represente, psicologicamente, o menor preço. Entretanto, basta ver os jornais e constatar que essa é também a regra utilizada pelas revendas de automóveis, com produtos em elevadas faixas de preços, a R$ 39.999, por exemplo. Como a decisão da compra é muito mais morosa, certamente o consumidor não se deixa levar pelo artifício, podendo até mesmo considerá-lo uma maneira de ser enganado.

6.3 Preços com descontos

Outra tática de preços muito utilizada é a concessão de descontos. Existem diversos motivos para tais ofertas, e os resultados financeiros variam consideravelmente, de acordo com a metodologia empregada.

Adotando-se um produto-base com preço nominal, ou seja, sem considerar os efeitos dos prazos de pagamento, e inicialmente sem descontos, vamos analisar as margens de contribuição derivadas das diversas práticas de desconto normalmente utilizadas. Para tanto, supondo um produto que tenha venda mensal de 1.000 unidades e preço de lista de R$ 100, custo de material de revenda, ou custo da mercadoria vendida, de R$ 50 e demais custos variáveis (comissões, impostos e outros) que representem 25% do preço de venda, poderemos analisar os resultados de cada prática (Tabela 6.3). Apenas a título de ilustração, o volume de vendas permanecerá constante, apesar da concessão de desconto (dados em reais).

Tabela 6.3 Margens de contribuição

Situação normal sem desconto	
Preço de venda	100
Custo de mercadoria	(50)
Outros custos variáveis	(25)
Margem de contribuição unitária	25
Porcentagem da margem de contribuição	25
Margem de contribuição total	25.000

(continua)

(continuação)

Desconto de 10% sobre todo o volume vendido	
Preço de venda	90
Custo de mercadoria	(50)
Outros custos variáveis	(22,5)
Margem de contribuição unitária	17,5
Porcentagem da margem de contribuição	19,4
Margem de contribuição total	17.500

6.3.1 Desconto a partir de determinado nível volumétrico

Considere que, a partir de 401 unidades, conceda-se um desconto de 10%. As primeiras 400 unidades são vendidas ao preço de lista (Tabela 6.4).

Tabela 6.4 Desconto a partir de 401 unidades

Unidades	0 a 400	401 a 1.000	Total
Preço de venda	100	90	
Custo de mercadoria	(50)	(50)	
Outros custos variáveis	(25)	(22,5)	
Margem de contribuição unitária	25	17,5	
Porcentagem da margem de contribuição	25	19,4	
Margem de contribuição total	10.000	10.500	20.500

6.3.2 Desconto a partir de determinado nível volumétrico incidindo sobre todo o volume: desconto de 10% sobre todo o volume vendido

Duas faixas distintas de desconto

Considere que, a partir de 401 unidades, conceda-se um desconto de 10% e, a partir da unidade 801, o desconto aumente para 20%. As primeiras 400 unidades são vendidas ao preço de lista (Tabela 6.5).

Tabela 6.5 Descontos por volume

Unidades	0 a 400	401 a 800	801 a 1.000	Total
Preço de venda	100	90	80	
Custo de mercadoria	(50)	(50)	(50)	
Outros custos variáveis	(25)	(22,5)	(20)	
Margem de contribuição unitária	25	17,5	10	
Porcentagem da margem de contribuição	25	19,4	12,5	
Margem de contribuição total	10.000	7.000	2.000	19.000

É fácil perceber que o desconto estendido a todo o volume é a pior prática para a empresa, em termos de contribuição. Evidentemente, esse raciocínio deve levar em conta não apenas o aspecto financeiro, mas também estratégias de participação de mercado, volumes adicionais a serem obtidos através dos diferentes níveis de desconto e, sobretudo, a complexidade de implementação de diversos níveis de preços, de acordo com o volume comercializado.

6.4 Preços por linha de produtos

O fato comum de possuir mais de um produto em seus portfólios, muitas vezes voltados para os mesmos públicos-alvo, obriga as empresas a adotarem diferentes estratégias de preços para cada um e para o *mix* como um todo. Fundamentalmente, o fator indicador dos preços dos produtos é o grau de dependência entre eles, tanto do ponto de vista da produção quanto na comercialização, e podemos identificar quatro possíveis situações.

Situação 1: produtos complementares

A indústria de elevadores tem na prestação de serviços de manutenção a sua maior parcela de contribuição financeira. Para que seja obtido o contrato de manutenção, é necessária a venda do elevador, mesmo com margens negativas, pois o que basicamente a indústria deverá buscar é a maximização da margem total do conjunto produto/serviço, ao longo de seu ciclo de vida.

Nessa linha, ainda podemos encontrar o exemplo das impressoras e a venda posterior dos cartuchos de tinta, que certamente agregam as maiores margens ao conjunto. Desse caso, podemos extrair a máxima de que criar um produto cuja manutenção passe necessariamente por serviços ou produtos complementares de sua empresa é uma estratégia bastante lucrativa (creio que o aspecto ético do tema seja extremamente relevante, mas não será discutido neste livro).

Os produtos acessórios também se encaixam nessa lógica. Quando uma revenda comercializa um veículo com margens diminutas, ela pode minimizar esse efeito com a venda de produtos complementares que, no pacote total, representam pequeno valor para o consumidor e, por isso, têm seus preços pouco discutidos.

O segmento varejista de roupas pode usufruir desse conceito, pois é fato bastante comum o consumidor adquirir o produto principal, por exemplo, uma calça, e desembolsar também por uma blusa, par de meias etc. É fundamental identificar os principais produtos geradores de vendas complementares, estabelecendo seus preços de modo a tornar convidativa a entrada do cliente, maximizando a margem através dos demais itens.

Resumindo, a busca incessante é pela obtenção da margem máxima na linha de produtos, e não exclusivamente em um produto específico.

Situação 2: produtos substitutos

O mercado automotivo é bastante representativo desse quadro. Quando uma montadora desenvolve e lança um novo veículo, a estratégia mais utilizada é criar um número elevado de modelos, de modo a atingir a faixa mais ampla possível de consumidores, mais ou menos atentos ao atributo "preço". O consumidor do modelo A o substitui pelo B, e assim por diante. No entanto, a empresa busca atingir os diversos consumidores, de forma a não perder oportunidades de venda e a maximizar a margem de contribuição total do modelo.

Essa mesma montadora também opera com vários produtos diferentes, buscando atingir diversos nichos de mercado. Todas as grandes indústrias operam com diversos produtos, desde os modelos mais baratos 1.0 até os mais sofisticados e caros. Nesse caso, a precificação é estabelecida a partir dos diversos públicos-alvo, e qualquer erro pode canibalizar marcas ou incentivar demasiadamente a venda de produtos menos lucrativos. Até por esse motivo, tal segmento econômico é um dos que mais utilizam pesquisas de análise conjunta.

Quando uma empresa industrial comercializa seus produtos por meio de diversos canais de distribuição, pode-se estabelecer um grande embaraço de preços. Os varejistas com maior poder de barganha compram a preços inferiores e vendem de modo mais agressivo, inibindo as chances dos distribuidores menores, o que prejudica o próprio fabricante, cujas vendas são diminuídas no total e têm seu poder de negociação restrito.

As marcas próprias dos supermercados são exatamente uma tentativa de diferenciar os preços, adotada pelo setor. Em 4/5/2009, o *Valor* publicou entrevista com a presidente da Abmapro (Associação Brasileira de Marcas Próprias), que afirmou:

> A expectativa é que as vendas desses artigos, que até o ano passado representavam 7% do faturamento de supermercados, farmácias e outros tipos de loja, cheguem a 9% neste ano. Na prática, o consumidor escolherá mais marcas próprias e a variedade de produtos também será maior. Como os produtos de marca própria têm qualidade equivalente aos tradicionais e preço 15% a 20% mais barato, eles saem ganhando.

Uma das opções da indústria fornecedora é criar marcas específicas para cada canal de distribuição, de tal forma que os preços sejam diferenciados e os produtos deixem de ser substitutos, competindo entre si. A disputa fica circunscrita ao canal, e vencerão os mais competitivos.

Situação 3: produtos que geram fluxo de pessoas

Retornando ao segmento supermercadista, é bastante utilizada a tática de praticar preços ínfimos, de superoferta, nos produtos que despertem a atenção dos consumidores. Evidentemente, esse efeito atrai uma multidão de consumidores, que acabam adquirindo produtos com margens elevadas. Como exemplos típicos, temos os hortigranjeiros, vendidos mediante valores simbólicos, aos quais provavelmente se agregarão vendas de artigos de perfumaria, padaria, brinquedos etc. Logicamente, o objetivo do supermercado é maximizar a margem de contribuição total, pouco valendo as margens unitárias de cada produto.

Situação 4: produtos e imagem da empresa

A fixação de preços dos diversos produtos deve levar em consideração o posicionamento estabelecido pela empresa, a médio e longo prazos. Quando uma empresa dedica-se a apresentar padrões de qualidade superior, é essencial que seus preços, de modo geral, acompanhem essa lógica, via valores superiores ao mercado, como vimos na estratégia de liderança da qualidade.

Essa mesma equação deve ser seguida para a liderança de participação de mercado, pois é bastante conflitante a ideia de praticar preços desalinhados, ou seja, com estratégias diversas para os produtos da linha. Na primeira situação, encaixa-se o exemplo da IBM, cujos preços permitem transmitir uma "informação" de qualidade superior. Dificilmente encontraremos produtos da empresa em patamares de preços inferiores aos de seus concorrentes. Da mesma forma, as empresas que buscam solidificar o conceito de preços baixos devem fazer prevalecer seu *slogan*, na prática. "Preço baixo todo dia", "Ninguém vende mais barato" devem necessariamente ser verdadeiros, sob pena de criar um enorme descrédito na imagem da empresa ofertante.

Situação 5: produtos premium e de combate

Uma prática cada vez mais utilizada pelos novos entrantes nos mercados é o estabelecimento de preços baixos, de combate às marcas ditas *premium*. Uma das maiores dificuldades do gerente de preços é identificar a melhor atitude a ser adotada, quando a marca menos qualificada começar a incomodar a participação da marca superior.

Algumas regras normalmente utilizadas para minorar esse efeito são:

- Redução continuada de preços, acarretando um desvio na mente do consumidor que, até então, considerava a marca *premium*. Além disso, os produtos *premium* tendem a ter custos mais elevados em todas as operações, o que pode inibir a geração de margens atraentes. Particularmente, de modo geral, entendo ser essa a pior prática, apesar do desespero que muitas vezes é gerado, sobretudo nas empresas voltadas para o volume e não para a lucratividade;
- Em produtos altamente competitivos, é comum a redução paulatina de preços, de modo a manter a concorrência afastada. Voltamos ao item anterior e seus riscos;

- A criação de uma segunda marca, de combate, a fim de ocupar o nicho de mercado voltado para preços mais baixos e manter os nichos anteriores. O jornal *Extra*, distribuído no Rio de Janeiro, de propriedade do grupo *O Globo*, é um exemplo típico dessa prática. Em patamares de preços superiores e conteúdo editorial dedicado às classes A e B, dominavam os jornais *O Globo* e *O Jornal do Brasil*. Num nível inferior, de preços e conteúdo, reconhecido pelos leitores, preponderava *O Dia*. A estratégia do grupo *O Globo* foi lançar o matutino *Extra*, que rapidamente se transformou em grande sucesso de vendas e freou, fortemente, o crescimento do concorrente *O Dia*. Provavelmente, pela grande diferença de preços e de conteúdo entre *O Globo* e o *Extra*, não houve nenhum processo de canibalização da marca superior, e o grupo pôde atuar em todo o espectro de consumidores. A Intel fez o mesmo com seu *chip* Celeron, marca de combate para os demais processadores que penetraram com reduções de preços significativas. Com isso, pode manter a linha Pentium em patamar mais elevado de preços;
- Outra alternativa é o lançamento de um produto *superpremium*, com características especiais, voltadas exclusivamente para nichos identificados com a qualidade e pouquíssima ênfase em preços. Alguns anos atrás, especialmente após o fim do tabelamento de preços, as distribuidoras de petróleo desenvolveram e lançaram óleos lubrificantes especiais, sob bases sintéticas, para atender o mercado consumidor de carros importados que, muitas vezes, têm especificações dessa natureza. Houve, na verdade, um processo contínuo de aperfeiçoamento dos produtos, a preços superiores, como forma de não canibalizar as marcas já existentes, que passaram a concorrer com uma gama enorme de produtos e fabricantes pouco conhecidos.

6.5 Política de preços e internet

Dados de vendas previstas em 2009 mostraram que o comércio eletrônico atingiria R$ 10 bilhões/ano (Tabela 6.6). Dentre os setores mais atuantes, temos:

Tabela 6.6 Comércio eletrônico: produtos mais vendidos em 2007

Livros, revistas, jornais	17%
Saúde e beleza	12%
Informática	11%
Eletrônicos	9%
Eletrodomésticos	6%

Fonte: eBit.Compilação: www.e-commerce.org.br. (Não considera as vendas de automóveis, passagens aéreas e leilões *on-line*.)

Em seu livro *A cauda longa*, Chris Anderson mostra as diferentes oportunidades surgidas com a Internet, gerando nichos de mercado até então inexistentes. O autor separa os mercados em de "desejos" e de "necessidades", com diferentes tratamentos para os preços. Nos mercados de necessidades, o cliente sabe exatamente o que está buscando e só o encontra na Web, como um livro raro. Nesse caso, como nos mercados reais, o preço é um atributo pouco importante na decisão de compra e os descontos tendem a zero. Em contrapartida, músicas e outras formas de entretenimento são mercados de "desejo", em que os preços tendem a valores absolutamente reduzidos, face à diversidade de ofertas, muitas vezes gratuitas.

O mesmo autor, em seu livro *Free: o futuro dos preços*, mostra a revolução que a rede ocasionou, permitindo a "venda" gratuita de alguns produtos, quando houver a possibilidade de lucrar com outros itens. Assim, podemos citar os grupos musicais que colocam seus novos *hits* no Youtube, para conhecimento dos seus fãs. Com isso, obtêm altos lucros com os *shows* e eventos advindos do sucesso instantâneo do clipe.

Esse exemplo pode ser, de alguma forma, associado ao dos elevadores, vendidos com margem zerada ou mínima, para a obtenção de lucros nos contratos de manutenção. No mundo virtual, esse exemplo é bastante comum e permite diversas estratégias de precificação, muito bem exploradas por Chris Anderson.

Se considerarmos a WEB como um canal de vendas e distribuição, podemos identificar duas situações bastante distintas. O varejo a utiliza como um canal alternativo, e os preços, assim como no mercado real, têm importância considerável, pois os produtos comercializados tendem a se equiparar a *commodities*. Nesse caso, além de atributos tradicionais, como a marca do varejista, prevalecem outros específicos do canal, como confiabilidade na entrega, prazo de envio, facilidade no processo de pagamento etc.

Mediante à facílima comparação de preços, por parte do consumidor final, o comércio tende a fazer prevalecer seu poder de barganha junto à indústria, reduzindo as margens do setor. Quanto maior o peso relativo do canal Internet para a indústria, maior deverá ser a briga com os varejistas para obtenção das margens.

Outros setores usufruem do canal para eliminar espaços ociosos, notadamente quando os custos variáveis incrementais, referentes a cada nova unidade vendida, são mínimos. Essa atitude é bastante comum em mercados de serviços, como: companhias aéreas, hotelaria, locação de veículos.

6.6 Exercícios

1) Calcule, através do balanço e demonstrativo de resultados de sua empresa, a rentabilidade sobre o PL e a lucratividade líquida.

2) Comparativamente a outras organizações de seu segmento econômico, verifique o desempenho de sua empresa em relação aos índices obtidos na Questão 1.

3) Ainda em relação às questões anteriores, seria o preço praticado por sua empresa, em relação às demais, o principal fator explicativo para as diferenças encontradas?

4) Cite dois produtos ou serviços que estejam nos diversos estágios do ciclo de vida apresentados.

5) Qual o critério adotado para identificar os estágios da Questão 4?

6) Suponha que você, advogado recém-formado, esteja elaborando a precificação de seus serviços. A lógica será a mesma de um produto industrial inovador? Analise os preços em relação aos estágios do ciclo de vida de sua atividade.

7) O Viagra foi lançado, em junho de 1998, pelo Laboratório Pfizer, no Brasil, a R$ 56,00 cada caixa com quatro comprimidos. Supondo essa análise sendo feita naquela oportunidade, responda:

a) Dentre os objetivos mercadológicos internos, quais aparentemente teriam sido os principais indicadores considerados na sua precificação?

b) Em que tipo de mercado esse produto estava inserido na ocasião? E atualmente?

c) A demanda desse produto era elástica, no lançamento? Por quê? E hoje?

d) Qual o critério de definição de preços adotado pela empresa?

8) Considere que sua empresa comercializa itens em mercados com os perfis a seguir. A partir dos diversos posicionamentos mercadológicos possíveis, defina, de acordo com a tabela da página 107, as diferenças de preços mais lógicas a serem praticadas em relação aos *preços médios* dos demais participantes.

Suponha que o seu produto já exista previamente, inclusive com preços definidos e praticados. Indique qual deva ser a diferença de preços em relação aos demais concorrentes do mercado.

Considere 10% a diferença relativa de preços, que indica grande superioridade ou inferioridade, em relação à qualidade percebida dos produtos concorrentes.

Considere, apenas para efeito de simulação, que as participações de 2% nos produtos 2 e 3 sejam baixas e a de 10%, no produto 4, seja alta.

Explique as atitudes, considerando que as diferenças percentuais são derivadas do poder de barganha da empresa, em seus respectivos mercados.

9) Existem alguns métodos para associar o preço de venda de um produto ao valor percebido pelo consumidor.

a) Utilizando os conceitos de análise conjunta, indique em sua atual atividade ou em outra de seu maior conhecimento, quais seriam, empiricamente, os principais atributos valorizados

Diferenças de preços em relação à média do mercado

Atitude	Diferenças atuais nos preços
A	Inferior em mais de 10%
B	Inferior em até 10%
C	Preço de mercado
D	Superior em até 10%
E	Superior em mais de 10%

Item	Mercado	Ciclo de vida do mercado	Posicionamento de seu produto	% Participação no mercado	Valor percebido	Atitude
1	Concorrência Perfeita	Maturidade	Sobrevivência	2	Baixo	
2	Concorrência Monopolista	Crescimento	Liderança de participação de mercado	2	Baixo	
3	Concorrência Monopolista	Maturidade	Liderança da qualidade	2	Alto	
4	Concorrência Monopolista	Maturidade	Liderança de participação de mercado	10	Normal	
5	Concorrência Oligopolista	Maturidade	Liderança de participação de mercado	30	Normal	
6	Concorrência Oligopolista	Crescimento	Liderança de participação de mercado	5	Normal	
7	Concorrência Monopolista	Introdução	Baseada no valor	3	Bom	
8	Oligopólio Cartel	Crescimento	Liderança da qualidade	25	Alto	
9	Concorrência Oligopolista	Declínio	Sobrevivência	20	Baixo	
10	Concorrência Oligopolista	Declínio	* Produto raro	20	Alto	

pelo consumidor em relação a um produto/serviço que você escolherá (no mínimo, seis).

b) Indique, mesmo subjetivamente, os pesos relativos a cada atributo e verifique se a empresa desenvolve corretamente a sua sistemática de precificação, ou seja, se os atributos percebidos são valorizados como diferencial de preços.

10) Em junho de 1991, os preços dos óleos lubrificantes, até então tabelados pelo Conselho Nacional do Petróleo, foram liberados. Todos os preços eram iguais, em suas respectivas categorias.

Na categoria "óleos para motores a gasolina", a Castrol era líder e detinha 17% de participação de mercado, derivada das vendas do Castrol GTX, considerado por ela como produto especial e responsável por parcela importante de seu faturamento. A empresa, de origem inglesa, reivindicava há muito uma melhoria nas margens dos produtos, pois sua dependência financeira, ao contrário das demais distribuidoras, era total em relação à linha de lubrificantes. Com a liberação dos preços, as companhias procuraram rever seus preços, obtendo ganhos de participação de mercado e/ou aumento em suas lucratividades. A Castrol aumentou seus preços, aproximadamente, em 10% acima dos reajustes do restante da concorrência. Três meses após o destabelamento, a participação de mercado da Castrol caíra para 4%, aproximadamente, nessa linha de produtos. Do volume de lubrificantes automotivos, na classe "gasolina", 60% a 70% eram comercializados através de postos de serviço; com isso, a vulnerabilidade da Castrol era elevada, pois não possuía bandeira própria.

Em seu ponto de vista :

a) O que motivou essa queda tão acentuada?

b) Qual a estratégia de fixação de preços utilizada pela Castrol para subir seus preços?

c) Em um mercado em que a concorrência é formada por grandes empresas, com elevada tecnologia e capitalização, qual deveria ser a estratégia adotada pela Castrol?

d) Nessa realidade, quais seriam as alternativas a adotar para adequar os preços de venda sem comprometer a imagem do produto e da empresa?

11) Considere a Empresa Rural, que produz e industrializa itens do setor agrícola. Na tabela a seguir são apresentadas informações sobre os mercados em que a empresa atua e seus objetivos.

Linha	Soja *in natura*	Óleo de soja	Óleo de girassol
Estrutura da concorrência	Concorrência perfeita	Concorrência monopolista	Concorrência monopolista
Participação atual de mercado	0,2%	1%	8%
Objetivos da empresa	**Sobrevivência**	**Maximização da participação de mercado**	**Liderança de qualidade**
Valor percebido pelo consumidor	Baixo	Médio	Alto
Elasticidade demanda–preço	Alta	Média	Inelástica
Preço da empresa Rural	$ 1	$ 2,30	$ 5
Preço médio dos concorrentes	$ 1	$ 2,30	$ 5

Suponha que você seja contratado como o novo gerente de preços da empresa. Quais suas sugestões de preços para cada linha de produtos? Justifique cada sugestão. **Considere a participação de mercado, em concorrências monopolistas, de 1% como baixas e de 8% como elevadas.**

12) Elasticidade demanda–preço é um conceito que associa as variações das unidades vendidas em função de variações nos preços de venda. Em qual tipo de concorrência (perfeita, monopolista, oligopolista ou monopólio) a elasticidade tende a ser:
a) Máxima? Por quê?
b) Mínima? Por quê?
c) Demanda inelástica ? Exemplifique.

13) As empresas podem escolher entre políticas de posicionamento que associam o preço à qualidade do produto. Explique as estratégias a seguir utilizando exemplos de marcas conhecidas.
a) *Skimming.*
b) Preço de economia.

14) O Grupo FEMSA introduziu sua cerveja Sol, no Brasil, igualando aos preços da cerveja Skol, da Ambev. A Ambev possuía, aproximadamente, 70% do mercado de cervejas no Brasil, e a marca Skol detinha, aproximadamente, 30% do total geral. Você concorda com o posicionamento de preços da Sol? Quais os riscos e oportunidades associados a essa estratégia?

    Considere as características de um oligopólio, o portfólio de produtos da Ambev, elasticidades, valor percebido etc.

15) A Assolan entrou no mercado de sabão em pó através de uma política de preços arrojada, inferior às marcas *premium*, dos grandes participantes (Unilever e Procter). Essas empresas detinham, em conjunto, mais de 90% do mercado setorial, com grande diversidade de marcas e posicionamentos de preços. Você concorda com a estratégia de preços da Assolan? Por quê? Considere tipo de mercado, valor percebido pelas marcas e capacidade financeira dos concorrentes. Caso discorde, indique o posicionamento mais adequado de preços para entrar nesse mercado, considerando as oportunidades e riscos da política proposta.

16) As empresas prestadoras de serviços têm grandes dificuldades para precificar suas atividades. Quais as características específicas do setor que tornam essa precificação complexa? Cite duas alternativas para fugir às guerras de preços na prestação de serviços.

17) Os produtos de categoria *premium*, invariavelmente, são combatidos pelos concorrentes através da práticas de preços baixos. Suponha que você seja o gerente de produtos de uma marca *premium* e se depare com a situação anterior. Sugira:
a) Em quais situações seria viável ingressar em guerras de preços? (Considere tipos de mercado, elasticidades etc.)

b) Estratégias para evitá-las. (Pense em todo o composto mercadológico.)

18) Os preços de novos produtos tendem a ser máximos na fase introdutória. Ao longo dos estágios posteriores, a tendência é de
redução dos preços. Essa redução pode acarretar alguns riscos importantes ao produto. Cite dois desses riscos, financeiros e mercadológicos.

19) O conceito de **discriminação de preços** (*revenue management*) está
associado a diferentes níveis de preços para o mesmo bem, simultaneamente. Por que essa estratégia é válida sobretudo em serviços e pouco aplicável ao mercado de produtos? (Explique a partir
da composição de custos dos setores e das perspectivas de cada
consumidor.)

20) Várias são as estratégias para o "preço do composto ou *mix* de
produtos". Explique, usando exemplos brasileiros, os seguintes
compostos:
a) Preço por pacote.
b) Preço de produtos cativos.

21) A Gillette é costumeiramente citada entre as empresas que praticam o "*skimming* lento" como estratégia de precificação. Explique
a estratégia e identifique os motivos principais para que a empresa
possa efetuar o desnatamento de modo lento.

22) A estratégia de maximização dos lucros é, normalmente, associada
a modismos ou oportunidades raras. Explique a estratégia, apon-
tando riscos e oportunidades, bem como citando setores de atividade em que é possível aplicá-la com maior facilidade.

23) Na busca de conquistar maiores participações de mercado, algumas empresas utilizam o preço mais baixo como principal atrati-
vo, em estratégia denominada "liderança de participação de mercado". Cite riscos e oportunidades vinculadas a essa estratégia e
exemplifique-a por meio de empresa brasileira.

24) A Azul entrou no mercado nacional através de uma política de preços agressiva, com valores inferiores aos praticados por Gol e TAM. Aponte os riscos mercadológicos e financeiros contidos nessa estratégia e quais os pré-requisitos básicos para que seja utilizada.

7

Aspectos tributários

Quando analisamos a precificação de qualquer produto ou serviço, no Brasil, existe um componente importantíssimo, em termos de impacto, apesar de não gerar nenhum valor agregado para o consumidor. Sim, estou mencionando os impostos diretos que incidem sobre os preços. Em meu livro *Guia prático de formação de preços*, procurei detalhar esses impostos, mostrando como eles incidem sobre os preços. A preocupação neste livro será menos minuciosa, apesar de aproveitar alguns trechos do *Guia*. Assim, resumirei os principais aspectos de cada tributo, elaborando uma tabela que pode servir de guia para aqueles que quiserem identificar rapidamente a carga tributária incidente sobre determinado tipo de segmento.

Alguns conceitos devem ser mais explicados, antes do detalhamento de cada tributo. Por exemplo, incidência "por dentro" ou "por fora" do imposto.

O IPI é um imposto federal, externo ao preço, ou seja, sua base de cálculo é o preço do produto industrial sobre o qual já incidem todos os demais impostos. Assim, se um veículo tiver o preço de fábrica de R$ 20.000 e seu IPI for de 20%, este será calculado por fora, ou seja, sobre o valor de R$ 20.000, perfazendo R$ 4.000. Dessa forma, o preço final do bem será R$ 24.000. O IPI é o único imposto sempre calculado externamente ao preço.

Os demais impostos, exceto o ISS, em algumas ocasiões determinadas pelas leis municipais, são calculados internamente no preço, ou seja, fazem parte da base de cálculo do preço. Suponha, agora, um calçado sendo vendido numa loja por R$ 100, sem computar o ICMS. Se desejarmos calcular o preço com ICMS, hipoteticamente de 18%, teremos:

Preço sem ICMS = 100
% de ICMS = 18%

Preço com ICMS = X
X = 100/[1– (% ICMS)] = 121,95

Como se percebe, o ICMS é uma parcela do preço de venda, de R$ 121,95. Se for preciso conhecer a parcela incidente de ICMS nesse preço, bastará multiplicar o preço total pelo percentual de ICMS, ou seja:

ICMS = 121,95 × 18% = 21,95

Diante desta particularidade, podemos identificar os principais pontos de cada imposto.

7.1 Impostos municipais

Basicamente, o único imposto incidente sobre os preços é o ISS (Imposto sobre Serviços).

A alíquota normal é de 5%, apesar de existirem várias exceções, notadamente em municípios próximos às grandes metrópoles, que, para obterem um aumento na arrecadação, oferecem vantagens significativas na alíquota do imposto. Essa "vantagem" requer melhor análise, pois a legislação determina que o ISS seja cobrado na localidade em que o serviço foi executado e não no domicílio do contribuinte. De qualquer forma, por eu não ser tributarista e o tema ser passível de inúmeras discussões, sugiro, antes de qualquer avaliação, que se faça uma consulta aos órgãos e profissionais competentes.

7.2 Impostos estaduais

O principal tributo estadual é o ICMS (Imposto sobre a Circulação de Mercadorias e Serviços de Transporte, Telecomunicações e Energia

Elétrica). O S final foi criado pela Constituição Federal de 1988 e faz com que as atividades de prestação de serviços de energia elétrica, telecomunicações e transporte interestadual sofram a incidência do ICMS e não do ISS, como as demais atividades.

O imposto tem diversos fatos geradores, mas o que nos interessa neste livro é, essencialmente, a venda de mercadorias de estabelecimento comercial ou industrial. É um imposto proporcional, com alíquotas diferenciadas, variando de acordo com o tipo de mercadoria ou serviço e com os destinos das operações. É um imposto não cumulativo, o que significa a possibilidade de aproveitamento dos créditos gerados em cada etapa da comercialização.

O cálculo do débito do ICMS é feito pelo valor agregado ao produto, permitindo o aproveitamento do crédito originado na entrada da mercadoria ou dos serviços citados (Tabela 7.1).

Tabela 7.1 Principais alíquotas estaduais de ICMS

Origem	Destino	Alíquota (%)
Estado A	Estado A	17 ou 18
Sul, Sudeste	Sul, Sudeste	12
Sul, Sudeste	Norte, Nordeste, Centro-Oeste, Espírito Santo	7
Norte, Nordeste, Centro-Oeste, Espírito Santo	Sul, Sudeste	12
Norte, Nordeste, Centro-Oeste, Espírito Santo	Norte, Nordeste, Centro-Oeste, Espírito Santo	12
Exportação		0

É fundamental que as empresas que comercializam produtos em diversos estados do país atentem para a necessidade de adequar seus preços de venda às respectivas alíquotas citadas anteriormente, não caindo na "facilidade" de apresentar apenas um preço único válido para todos os locais. Essa prática tanto pode subsidiar algumas praças quanto inviabilizar a competitividade em outras.

Alguns produtos têm alíquotas diferenciadas, seja por motivos econômicos, de interesse para o cálculo do custo de vida, como os componentes da cesta básica (zero), seja para os considerados não essenciais, como bebidas alcoólicas, fumo, veículos especiais, armas ou os que permitam maior tributação, como gasolina, serviços de comunicação e energia elétrica (25%, 30%, 35%).

Em um exemplo simples, para o cálculo do ICMS devido, numa operação dentro do próprio estado, com produto sujeito à alíquota de 18%, temos:

Exemplo: compra e venda de calçados
Preço de venda = R$ 100,00
Custo da mercadoria: R$ 50,00
Débito do ICMS = 100 × 18% = (18)
Crédito do ICMS = 50 × 18% = 9
Saldo de ICMS a pagar = débito – crédito = (18) – 9 = (R$ 9)

Observe que, no valor de R$ 50 relativos à compra da mercadoria já estão embutidos R$ 9 referentes ao ICMS. Esse valor será creditado, por ocasião da apuração do débito decorrente da venda, por R$ 100. Se a mercadoria fosse originária de outro estado, por exemplo, da Região Sudeste para a Região Norte, o crédito do ICMS desse destinatário seria de apenas 7%, portanto de R$ 3,5.

Quando se comenta sobre a "guerra fiscal" entre os estados, a mesma pode se viabilizar através de reduções de bases de cálculo do imposto, com consequente redução de alíquota, diferimento de imposto a pagar, ou seja, a postergação do pagamento por alguns anos, até que o negócio se torne maduro, ou por concessões especiais típicas como, por exemplo, o Fundap (Fundação Porto de Vitória), que permite o financiamento do ICMS de importação pelo governo capixaba.

Outra particularidade desse imposto é a **substituição tributária** (**ST**), criada a fim de facilitar a cobrança e não prejudicar a arrecadação. O governo determina que algumas atividades terão o ICMS recolhido por outro agente da cadeia produtiva. Como exemplos, podemos citar os combustíveis, em que as refinarias substituem as distribuidoras, e os postos de serviço e as indústrias de cigarro, que recolhem o tributo pelos bares e restaurantes. As empresas que foram substituídas não sofrem a incidência direta de ICMS na venda, não tendo também direito a crédito em suas compras de matérias-primas substituídas tributariamente.

Para a definição do cálculo do imposto, as autoridades fazendárias definem percentuais de margens presumidas diferenciadas por tipo de produto ou assumem os preços prefixados, sugeridos pelos fabricantes. Assim, por exemplo, se o maço de cigarros for vendido a R$ 1,40 ao consumidor final, nesse valor já está embutida uma parcela de débito de ICMS do varejista a ser cobrada e paga pelo fabricante.

Como esse tópico ganha cada vez mais importância e ênfase, havendo grande tendência de multiplicação nas atividades sujeitas à substituição tributária, vamos exemplificar alguns casos bastante comuns, quantificando o ICMS da operação (dados em R$, com exemplos retirados do *Guia prático de formação de preços*, edição 2010).

Para a definição do cálculo do imposto, as autoridades fazendárias definem percentuais de margens presumidas diferenciadas (MVA) por tipo de produto. Nas operações internas, nos próprios estados, prevalece a lógica a seguir, para cálculo do preço com ST (substituição tributária):

> preço de fábrica + [(% MVA X preço fábrica) ×
> (alíquota interna do ICMS)]

Exemplo 1. Fabricante de São Paulo vendendo a varejista localizado em São Paulo

Preço de venda do fabricante	100,00	
Preço de venda do varejista ao consumidor	135,00	(MVA = 35%)
ICMS (alíquota 18%)	18,00	
Base de cálculo da substituição tributária	135,00	
ICMS – substituição tributária		
(R$ 135,00 × 18% – R$ 18,00)	6,30	
Total da nota fiscal	106,30	

Exemplo 2. Fabricante em São Paulo vendendo a distribuidor em São Paulo que revende para varejista também localizado em São Paulo.

Preço de venda do fabricante	80,00
Preço de venda do distribuidor	100,00
Preço sugerido ao varejista	135,00 (MVA = 35%)
Base de cálculo do ICMS	80,00
ICMS (R$ 80,00 × 18%)	14,40
Base de cálculo da substituição tributária	135,00
ICMS – substituição tributária	
(R$ 135,00 × 18% – 14,40)	9,90
Total da nota fiscal ao distribuidor	89,90

A substituição tributária também incide nas operações interestaduais. Para o cálculo do valor com ST, o governo de São Paulo desenvolveu a fórmula a seguir, do MVA ajustado, que é seguida pelas demais unidades federativas:

$$\text{MVA Ajustado} = [(1 + \text{IVA–ST original}) \times (1 - \text{ALQ inter})/(1 - \text{ALQ intra})] - 1$$

onde:

IVA–ST original é o IVA–ST aplicável na operação interna.

ALQ inter é a alíquota interestadual aplicada pelo remetente localizado em outra unidade da federação.

ALQ intra é a alíquota aplicável à mercadoria nesse estado.

Exemplo 3. Cálculo do MVA ajustado (produto: arame farpado). ST de São Paulo para Minas Gerais

MVA interna SP = 41,79%
ICMS interestadual = 12%
ICMS interno MG = 18%

$$\text{MVA ajustado} = [(1 + \text{IVA–ST original}) \times (1 - \text{ALQ inter})/(1 - \text{ALQ intra})] - 1$$

> MVA ajustado = [(1 + 0,4179) × (1 − 0,12)/(1 − 0,18)] − 1 = 52,16%

Podemos, para melhor exemplificar, incluir o IPI (Imposto sobre Produtos Industrializados) para torná-lo mais realístico. Assim, teríamos:

Exemplo 4. Venda de indústria, em São Paulo, para varejista em São Paulo por R$ 100 + 5% IPI

ICMS crédito: 18%
ICMS interno SP: 18%
MVA: 41,79% (arame farpado)
Preço fábrica com IPI = 105
ICMS fábrica = 100 × 18% = 18
Preço varejista com ST = 105 × 1,4179 = 148,88
ICMS varejista = 148,88 × 18% = 26,80
Preço fábrica com ST = 105 + 26,80 − 18 = 113,80

Exemplo 5. Venda de indústria em São Paulo para varejista em Minas Gerais por R$ 100 + 5% IPI

ICMS crédito: 12%
ICMS interno MG: 18%
MVA ajustado : 52,16% (arame farpado)
Preço fábrica com IPI = 105
ICMS fábrica = 100 × 12% = 12
Preço varejista com ST = 105 × 1,5216 = 159,77
ICMS varejista = 159,77 × 18% = 28,76
Preço fábrica com ST = 105 + 28,76 − 12 = 121,76

7.3 Impostos federais

7.3.1 IPI (Imposto sobre Produtos Industrializados)

Fatos geradores: desembaraço aduaneiro de produto de procedência estrangeira e saída de produto do estabelecimento industrial ou equiparado a industrial. Considera-se industrialização a operação que modifique a natureza, o funcionamento, a apresentação ou a finalidade do produto, ou o aperfeiçoe para o consumo.

Incidência: sobre o preço de venda total (imposto externo).

Alíquotas: variáveis por produto.

Observação: gera direito a créditos na maioria das operações com bens industriais. Se o produto adquirido for utilizado, posteriormente, como insumo na fabricação de novo bem ou para posterior revenda, gerará direito a crédito por ocasião de sua compra. Deve-se atentar fortemente para a relação de produtos isentos do imposto, nas relações emitidas pela Receita Federal.

7.3.2 COFINS (Contribuição para o Financiamento da Seguridade Social)

Esfera: federal.

Base de cálculo: empresas que comercializem mercadorias e prestem serviços de qualquer natureza estão sujeitas à contribuição para a COFINS.

A Lei 10.833/2003 alterou as regras das contribuições da COFINS, eliminando parcialmente a cumulatividade nas atividades industriais e comerciais, através da possibilidade do crédito da contribuição paga na etapa anterior da produção ou comercialização. A alíquota de incidência foi majorada de 3% para 7,60% sobre a receita bruta mensal (excluir as parcelas referentes ao IPI). A sistemática não se aplica às pessoas jurídicas que apurem o Imposto de Renda sob o regime do lucro presumido ou aos optantes do SIMPLES, ou ainda a alguns setores (ver artigo 21 da Lei 10.685 e artigo 5 da Lei 10.925), que deverão manter as regras anteriores à edição da Lei 10.833.

Para as empresas enquadráveis na nova regra, a partir de 1º de fevereiro de 2004, poderão ser calculados créditos a serem deduzidos da contribuição devida, aplicando o percentual de 7,60% sobre o valor, entre outros itens:

1. dos bens adquiridos no mês para revenda, exceto em relação às mercadorias e aos produtos sujeitos à substituição tributária ou incidência monofásica;

2. dos bens e serviços adquiridos no mês, utilizados como insumo na fabricação de produtos destinados à venda ou na prestação de serviços, inclusive combustíveis e lubrificantes, desde que não tenham sido importados de outros países;
3. incorrido no mês com a energia elétrica consumida nos estabelecimentos da pessoa jurídica;
4. incorrido no mês com aluguéis de prédios, máquinas e equipamentos, pagos a pessoas jurídicas, utilizados nas atividades da empresa.

Existem ainda outras possibilidades de recuperação do crédito da COFINS que devem ser vistas com a área contábil e que fogem ao objetivo deste livro.

Nas vendas referentes às exportações, a contribuição não incidirá e permitirá apuração de crédito em relação às etapas anteriores de produção.

Caso a empresa opte pelo Regime Simplificado de Impostos, a parcela da COFINS já estará embutida na alíquota devida.

7.3.3 PIS (Programa de Integração Social)

Esfera: federal.

Base: empresas que comercializem mercadorias e prestem serviços de qualquer natureza estão sujeitas à contribuição para o PIS na modalidade Faturamento.

Em dezembro de 2002 foi promulgada a lei que alterou as contribuições do PIS, eliminando parcialmente a cumulatividade nas atividades industriais e comerciais, por meio da possibilidade do crédito da contribuição paga na etapa anterior da produção ou comercialização. A alíquota de incidência foi majorada de 0,65% para 1,65% sobre a receita bruta mensal (excluir as parcelas referentes ao IPI).

A sistemática não se aplica às pessoas jurídicas que apurem o Imposto de Renda sob o regime do lucro presumido ou aos optantes do SIMPLES, ou ainda às cooperativas, operadoras de planos de saúde e empresas de securitização de créditos, além das empresas imunes a impostos, que deverão manter as regras anteriores à edição da lei.

Para as empresas enquadráveis na nova regra, a partir de 1º de dezembro de 2002, poderão ser calculados créditos a serem deduzidos da contribuição devida, aplicando o percentual de 1,65% sobre o valor, entre outros itens:

1. dos bens adquiridos no mês para revenda, exceto em relação às mercadorias e aos produtos sujeitos à substituição tributária ou incidência monofásica;
2. dos bens e serviços adquiridos no mês, utilizados como insumo na fabricação de produtos destinados à venda ou na prestação de serviços, inclusive combustíveis e lubrificantes;
3. incorrido no mês com a energia elétrica consumida nos estabelecimentos da pessoa jurídica;
4. incorrido no mês com aluguéis de prédios, máquinas e equipamentos, pagos a pessoas jurídicas, utilizados nas atividades da empresa.

Existem ainda outras possibilidades de recuperação do crédito do PIS, que devem ser vistas com a área contábil e que fogem ao objetivo deste livro.

Nas vendas referentes às exportações, a contribuição não incidirá e permitirá apuração de crédito em relação às etapas anteriores de produção.

Caso a empresa opte pelo Regime Simplificado de Impostos, a parcela do PIS já estará embutida na alíquota devida.

7.3.4 IRPJ (Imposto de Renda Pessoa Jurídica)

A legislação federal considera três possibilidades de apuração de lucros (real, presumido e arbitrado) e os tributa de modos diferenciados.

A alíquota do Imposto de Renda de Pessoas Jurídicas é de 15%.

A parcela do lucro real, presumido ou arbitrado, apurado trimestralmente, que exceder de R$ 60.000,00 sujeita-se à incidência de adicional de Imposto de Renda à alíquota de 10%.

Lucro presumido: o Fisco assume, antecipadamente, uma margem de lucro e a tributa. Na maioria das atividades de venda de mercadorias, essa margem é determinada em 8% da receita bruta e tal lucro é tributado em 15%, o que representa 1,20% do preço de venda. Na área de serviços, a base de receita bruta é de 16% ou 32%, com alíquota de 15%, o que implica IR mensal de 2,4% ou 4,8% da receita bruta realizada. Nessa modalidade, os impostos são considerados despesas variáveis, pois incidirão diretamente sobre os preços de venda dos produtos/serviços comercializados. Na verdade, a receita bruta, para fins de formação de preços, deve ser entendida como faturamento, o qual é obtido a partir dos preços praticados.

Podem se enquadrar nesse regime as empresas que auferirem receita bruta anual inferior a R$ 48 milhões, além de atenderem a alguns pré-requisitos, como não desenvolverem atividades de natureza essencialmente financeira, de seguros e *factoring*, entre outras.

Suponha uma empresa que atue na atividade de compra e venda de artigos de informática, além de prestar serviços de manutenção de microcomputadores, com os seguintes dados trimestrais:

Receita de venda de produtos: R$ 700.000
Receita de serviços: R$ 180.000
Receita bruta trimestral: R$ 880.000
8% sobre R$ 700.000 = R$ 56.000
32% sobre R$ 180.000 = R$ 57.600
Lucro trimestral estimado: R$ 113.600

Imposto de Renda devido:

Normal = 15% sobre R$ 113.600 = R$ 17.040
Adicional = 10% sobre R$ 53.600* = R$ 5.360
Total devido = R$ 22.400
* R$ 113.600 − 60.000 = R$ 53.600.

O valor do imposto devido deve sofrer a redução de parcelas referentes a incentivos fiscais, apurando-se, finalmente, o imposto a pagar.

Observe a Tabela 7.2 e verifique o percentual de IR que compõe os preços de venda.

A maior vantagem da opção pelo regime presumido é a redução da carga burocrática na contabilidade, que ficará isenta do preenchimento de alguns livros fiscais obrigatórios no regime de lucro real.

Tabela 7.2 Percentual de IR = base × 15%

Atividade	Base	% IR
Venda de mercadorias	8%	1,2
Revenda de combustíveis	1,6%	0,24
Serviços hospitalares	8%	1,2
Atividade rural	8%	1,2
Transporte de carga	8%	1,2
Serviços de transporte	16%	2,4
Prestação de serviços com receita bruta anual superior a R$ 120.000	32%	4,8
Prestação de serviços com receita bruta anual até R$ 120.000	16%	2,4

Lucro real. A partir de receita bruta anual de R$ 48 milhões, as empresas são obrigatoriamente enquadradas no regime de lucro real. Fecha-se o balanço e a apuração dos lucros, periodicamente, recolhendo-se o IR de acordo com a alíquota vigente.

Como o lucro real depende dos resultados auferidos no total das operações da empresa, ou seja, independentemente de cada produto vendido ou preço de venda praticado, nessa modalidade o Imposto de Renda não deve ser tratado como uma despesa variável, ou seja, não será componente do preço de venda.

Caso a empresa opte pelo Regime Simplificado de Impostos, a parcela do IRPJ já estará embutida na alíquota devida.

Deixamos de mencionar o regime arbitrado, diante de sua pouquíssima aplicabilidade prática.

Só para entender melhor os números, segundo o *Valor* de 11/8/2008, 71% da arrecadação tributária federal é proveniente de empresas no lucro real, e as mesmas representavam apenas 5% do total de empresas. As empresas do regime presumido geravam, na ocasião, 15% do total arrecadado.

7.3.5 CSLL (Contribuição Social sobre o Lucro Líquido)

Esfera: federal.

Fato gerador: receita bruta ou lucro líquido.

A CSLL pode ser considerada uma extensão do IRPJ, tendo como referência as mesmas considerações desse tributo. Assim, a empresa que estiver enquadrada no regime do lucro real apurará a CSLL sobre o lucro após todas as deduções explicadas no IRPJ, e a mesma lógica é válida no regime presumido, quando a incidência é feita sobre a receita bruta.

Alíquota: 9%.

No regime de lucro real, incide diretamente sobre a parcela de lucro antes desse tributo e do Imposto de Renda.

No regime presumido, incide sobre a receita bruta e guarda as seguintes bases de cálculo:

Empresas comerciais e industriais: 12% sobre a receita, o que indica um impacto de 1,08% sobre o preço de venda, sem IPI (12% × 9%).

Empresas prestadoras de serviço: 32% sobre a receita, o que indica um impacto de 2,88% sobre o preço de venda (32% × 9%).

Caso a empresa opte pelo regime simplificado de impostos, SIMPLES, a parcela da Contribuição Social já estará embutida na alíquota devida.

7.3.6 SIMPLES (Sistema Integrado de Pagamento de Impostos e Contribuições das Microempresas e Empresas de Pequeno Porte)

Através da Lei Complementar 123, de 2006, modificada posteriormente, o Governo Federal criou o Simples Nacional, unificando a cobrança de Imposto de Renda Pessoa Jurídica, PIS, Contribuição Social sobre o Lucro Líquido, COFINS, contribuições previdenciárias (INSS do empregador), ICMS, ISS e IPI, numa única alíquota e documento (ICMS e ISS com exceções).

Esse tributo incidirá sobre a receita bruta mensal das empresas, entendida como o produto da venda de bens e serviços descontando-se as vendas canceladas e os descontos incondicionais concedidos.

Podem ser inseridas nesse regime tributário as empresas que obtiverem receita bruta anual até R$ 2.400.000/ano, observando-se diversos pré-requisitos que devem ser acompanhados através do *site* da Receita Federal (www.receita.fazenda.gov.br). As alíquotas variam de acordo com o tipo de atividade econômica. Assim, temos resumo mostrado na Tabela 7.3.

Tabela 7.3 Faixa de tributação das empresas (%)

Receita bruta (R$/ano)	Comércio	Indústria	Serviços
Até 120.000	4,00	4,50	4,50
De 120.001 a 240.000	5,47	5,97	6,54
De 240.001 a 360.000	6,84	7,34	7,70
De 360.001 a 480.000	7,54	8,04	8,49
De 1.200.001 a 1.320.000	9,95	10,45	12,80
De 1.320.001 a 1.440.000	10,04	10,54	13,25
De 480.001 a 600.000	7,60	8,10	8,97
De 600.001 a 720.000	8,28	8,78	9,78
De 720.001 a 840.000	8,36	8,86	10,26
De 840.001 a 960.000	8,45	8,95	10,76
De 960.001 a 1.080.000	9,03	9,53	11,51
De 1.080.001 a 1.200.000	9,12	9,62	12,00
De 1.440.001 a 1.560.000	10,13	10,63	13,70
De 1.560.001 a 1.680.000	10,23	10,73	14,15
De 1.680.001 a 1.800.000	10,32	10,82	14,60
De 1.800.001 a 1.920.000	11,23	11,73	15,05
De 1.920.001 a 2.040.000	11,32	11,82	15,50
De 2.040.001 a 2.160.000	11,42	11,92	15,95
De 2.160.001 a 2.280.000	11,51	12,01	16,40
De 2.280.001 a 2.400.000	11,61	12,11	16,85

As receitas devem ser observadas, separadamente, de acordo com o tipo de atividade econômica desenvolvida.

Como o período de apuração é mensal, a alíquota aplicável ao pagamento do tributo será equivalente à receita dos últimos 12 meses acumulados. Além disso, existem algumas prerrogativas para o enquadramento das empresas no regime simplificado, que devem ser avaliadas com bastante atenção. Para tanto, consulte o *site* da Receita Federal.

Finalizando, como seria impossível calcular a incidência dos impostos sobre várias atividades econômicas diferentes, apresentamos um resumo da carga tributária que um consumidor é obrigado a pagar quando adquire um produto industrial ou comercial ou um serviço qualquer, exceto aqueles sujeitos ao ICMS. Vale ressaltar que esse valor não considera as etapas de comercialização anteriores, em que os impostos também incidiram, restringindo-se apenas à última operação de compra e venda.

Na Tabela 7.4, consideramos o preço de R$ 100, com impostos, e calculamos os impostos incidentes.

Tabela 7.4 Resumo da carga tributária média para o consumidor final considerando o preço com impostos

Imposto	Indústria	Comércio	Serviços
Preço de venda com impostos (sem IPI)	100	100	100
ISS	0	0	5
ICMS	18	18	0
PIS presumido	0,65	0,65	0,65
COFINS presumida	3	3	3
IRPJ presumido	1,2	1,2	4,8
CSLL presumida	1,08	1,08	2,88
Subtotal	23,93	23,93	16,33
IPI	15	0	0
TOTAL	38,93	23,93	16,33

ISS: considerada a alíquota vigente nos grandes municípios do país.

ICMS: não computados os créditos e débitos das operações anteriores, mas somente a alíquota vigente na venda estadual em São Paulo, na última negociação.

IRPJ: apurado pelo lucro presumido e calculado na prestação de serviços sobre a maior base de cálculo, não incluído o adicional de imposto.

CSLL: apurado pelo lucro presumido.

Subtotal: soma de todos os tributos internos.

IPI: trata-se de imposto externo, portanto não deveria ser somado aos demais. O segundo detalhe é que suas alíquotas são variáveis, portanto foram aleatoriamente determinadas em 15%.

Total: calculado conforme subtotal no comércio e serviços, e apurado pela soma do subtotal ao valor do IPI, na indústria.

Veja agora como ficaria esse quadro caso tivéssemos o mesmo produto ou serviço, com o preço de R$ 100 antes dos impostos. Para tanto, vamos calcular inicialmente os preços e depois os valores dos tributos:

Indústria antes do IPI: $100/(1 - (0,18 + 0,03 + 0,0065 + 0,012 + 0,0108))$ = 131,45
Indústria com IPI: $131,45 \times 1,15 = 151,17$
Comércio: *idem* indústria antes do IPI
Serviços: $100/(1 - (0,05 + 0,03 + 0,0065 + 0,048 + 0,0288)) = 119,52$

Tabela 7.5 Resumo da carga tributária média para o consumidor final considerando o preço sem impostos

Imposto	Indústria	Comércio	Serviços
Preço de venda SEM impostos	100	100	100
Preço de venda COM impostos, antes do IPI	131,45	131,45	119,52
ISS	0	0	5,98
ICMS	23,66	23,66	0
PIS	0,85	0,85	0,78
COFINS	3,94	3,94	3,59
IRPJ presumido	1,57	1,57	5,74
CSLL presumida	1,42	1,42	3,44
Subtotal	31,45	31,45	19,52
IPI	15	0	0
Preço de venda com IPI	151,17	131,45	119,52

Como se vê, pelo fato de os impostos incidirem sobre a mesma base de cálculo, um produto industrial, cujo preço-base sem impostos seja de R$ 100, sofre um reajuste de 51,17%, após a incidência tributária.

Fugindo da questão meramente técnica sobre como calculá-los, creio ser muito importante, também, apresentar algumas estatísticas retiradas de excelente matéria da *Exame*, de 5 de setembro de 2001: "O imposto que esmaga". Nessa reportagem, lemos que o governo fica com 42,9% das riquezas distribuídas pelas empresas, variando de acordo com o tipo de segmento:

Indústria: 45,5%

Comércio: 47%

Serviços: 40,9%

Bancos: 25,8%

Média: 42,9%

Anteriormente, mostramos produtos e serviços hipotéticos, calculando a carga tributária potencial incidente. Veja, a seguir, o percentual de impostos e contribuições embutidos em alguns produtos e serviços reais:

Cerveja em lata: 60%

Tinta: 50%

Carro com motor de mais de 1.000 cilindradas: 42%

Refrigerante: 35%

Passagem aérea: 35%

Maçã: 33%

Chamada telefônica: 29%

Televisor produzido na Zona Franca de Manaus: 23%

7.4 Importação

No processo de importação, a carga tributária oscila, consideravelmente, de acordo com os interesses governamentais. Os impostos que incidem diretamente sobre os bens importados são: Imposto de Importação, IPI, ICMS, PIS e COFINS.

Imaginando um processo de importação-padrão, teremos a Tabela 7.6.

As alíquotas do Imposto de Importação e do IPI são aleatórias, enquanto a do ICMS varia de acordo com a legislação estadual. Os valores foram apurados considerando as seguintes fórmulas:

No exemplo consideramos a paridade US$ 1 = R$ 2 apenas para facilitar a compreensão.

Custo CIF: Custo FOB + frete + seguro da carga

Imposto de Importação (II): (custo CIF) × alíquota variável de imposto

IPI: (custo CIF + Imposto de Importação) × alíquota variável de imposto

ICMS importação: (CIF + II + IPI + COFINS + PIS)/(1 − % ICMS) * % ICMS

PIS importação: % PIS *((CIF *(1 + % ICMS *(% II + % IPI *(1 + % II)))/((1 − % PIS − % COFINS) *(1 − % ICMS))))

COFINS importação: % COFINS *((CIF *(1 + % ICMS *(% II + % IPI *(1 + % II)))/((1 − % PIS − % COFINS) *(1 − % ICMS))))

Tabela 7.6 Exemplo de processo de importação

	US$	R$
Preço da mercadoria FOB – Miami	100	
Seguro da carga (1% do FOB)	1,02	
Frete aéreo (2% do FOB)	2	
Total CIF-Brasil	103,02	
Paridade US$/Real		2,00
Total CIF-Brasil		206,04
Imposto de Importação (15%)		30,9
IPI (10%)		23,7
PIS (1,65%)		4,79
COFINS (7,60%)		22,05
ICMS (18%)		63,1

Veja no conteúdo complementar as planilhas que contêm modelos de importação de produto, nos regimes de lucro real e presumido.

7.5 Exportação

As exportações são isentas de impostos, inclusive possibilitam a absorção de créditos tributários das matérias-primas consumidas em fases anteriores do processo produtivo, desde que se comprove a exportação posterior.

Finalizando este capítulo, enfatizando a inter-relação entre os diversos ambientes do preço, mostro um exemplo de interferência direta em um setor de atividade, motivada pela alteração nas regras tributárias. Em 17/1/2008, o *Valor* mostrou o efeito do desenquadramento do setor fumageiro, na Bahia, do regime Simples.

A produção, a área plantada e a produtividade do fumo cultivado na Bahia têm crescido de forma ininterrupta desde o início da década. No estado, que cultiva o fumo escuro utilizado na fabricação de charutos, o volume produzido cresceu mais de 50% entre 2000 e 2006. No mesmo intervalo, a área de plantio subiu 25%, ritmo de avanço idêntico ao alcançado pela produtividade.

Em uma primeira leitura, o mercado de fumo em folha — e, em consequência, o de charutos nacionais — está em ritmo de comemoração, mas os relatos das indústrias que protagonizam esse mercado reportam apreensão. Aumento da carga tributária, avanço de programas antitabagistas e a concorrência com os produtos contrabandeados estão entre os maiores inimigos.

A última grande guinada para o segmento ocorreu em julho, quando passou a valer a nova regra de tributação de micro e pequenas empresas, o Super Simples. As fabricantes de charutos, que eram enquadradas no Simples, deixaram de sê-lo. Com isso, a carga tributária dessas empresas passou de 9% para, na soma dos tributos, cerca de 40%.

'Somos o primo paupérrimo da indústria do fumo', resume o superintendente de vendas da Le Cigar, uma das principais empresas do setor. 'A exclusão do Super Simples, afirma ele, foi um divisor de águas para a indústria'.

7.6 Exercício tributário

Observe as empresas da Tabela 7.7, suas respectivas situações tributárias e calcule os valores dos impostos a serem pagos (valores fornecidos em mil R$/ano).

Tabela 7.7 Exemplo de situações tributárias

Empresa	A	B	C	D	E
Localização	RJ	PE	MG	RS	RJ
Local de compra	RJ	BA	SP	RJ	–
Destino das vendas	RJ	SP	RJ	RJ	–
Atividade (I, C, S)	I	I	C	C	S
Faturamento sem IPI	100.000	22.000	1.850	450	12.000
Compra de matérias-primas com IPI de 15% incluído	35.000	8.000	900	220	–
IPI % de venda	15	15	0	0	0
Lucro anual	15.000	1.760	148	30	3.840
Situação tributária	Lucro real	Lucro presumido	Lucro presumido	Simples	Lucro presumido

I = indústria; C = comércio; S = serviços.

Utilize a planilha **Exercício tributário**, pasta **Exercício** (ver conteúdo complementar).

8
■■■■■

Custos: natureza e classificação

O início deste livro foi marcado pela ênfase no aspecto mercadológico, mostrando que o custo, apesar de muito importante, não é essencial para alguns tipos de mercados. Neste capítulo, abordaremos os diversos métodos de custeamento, com a preocupação principal de mostrar que, dependendo do sistema utilizado, a competitividade da empresa pode oscilar fortemente.

Como vimos, de nada adianta elaborar uma política de preços superapurada, sem avaliar o resultado prático dela proveniente. Esse resultado pode ser aquilatado pela participação de mercado ou por outros índices mercadológicos. Entretanto, se não houver uma contemplação dos indicadores financeiros básicos, como lucratividade da linha de produtos, margem de contribuição do produto e rentabilidade da empresa, certamente estaremos esquecendo um componente fundamental de manutenção, sobrevivência e longevidade do negócio.

Todas as políticas e estratégias de preços devem ser mensuradas em termos dos resultados financeiros obtidos. Para tanto, é necessário utilizar alguns conceitos básicos essenciais, como veremos neste capítulo.

8.1 A natureza dos custos

Como frisei no início do livro, minha preocupação não será rever todos os conceitos de contabilidade de custos, principalmente porque o assunto já foi sobejamente discutido em excelentes livros que constam na bibliografia. Pretendo mostrar, antes de tudo, por que as empresas utilizam um ou outro método de custeio, as origens dessas práticas e suas implicações para a sua competitividade.

A contabilidade de custos, ou gerencial, é uma vertente da contabilidade financeira que surgiu com a intenção de retratar as novas operações e transações surgidas na época da Revolução Industrial.

A necessidade de quantificar os custos de mão de obra intensiva, os altos volumes de estoque gerados, os custos de produção unitários, alocando as parcelas de custos indiretos aos custos e estoques de produtos em suas diversas fases — da elaboração ao acabamento —, indicavam a urgência de criação de novos mecanismos de análise. Assim, a contabilidade de custos surgiu basicamente no segmento industrial, tendo se propagado para os demais setores de atividade. Esse ponto é fundamental para entendermos por que as empresas de serviços e comerciais estabelecem seus preços de acordo com princípios contábeis industriais.

Como fizemos anteriormente, vamos começar este tópico esclarecendo alguns conceitos básicos inerentes à contabilidade de custos. São eles:

Gasto: Desembolso associado à obtenção de bens, independentemente da finalidade.

Custo: Soma de gastos com bens e serviços aplicados ou consumidos na produção.

Despesa: Gastos associados ao consumo de bens e serviços não relacionados à produção.

Investimento: Gastos destinados à obtenção de bens de uso da empresa ou para aplicações permanentes.

Perda: Bem ou serviço consumido, de forma anormal e involuntária.

Receita: Ingresso de recursos sob a forma de bens ou direitos.

Como veremos a seguir, custos e despesas são os principais ingredientes desta análise porque, apesar de diferirem no tratamento contábil, em termos gerenciais de formação de preços acabam tendo a mesma conotação, pois devem ser "pagos" pelos produtos e serviços. Para detalhar melhor esses e outros conceitos, vamos imaginar a Indústria

Mecânica Alvinegra com uma clara separação entre os setores fabril e administrativo, supondo que operem em áreas fisicamente distintas.

Todos os gastos associados à produção, exceto os derivados de investimentos, serão enquadrados como **custos**, e os gastos efetuados na área administrativa serão computados como **despesas**. Seria, aproximadamente, uma separação física entre a fábrica e o escritório, apenas como facilitador da análise.

Alguns componentes de custos são óbvios na fabricação, como as matérias-primas para produção, embalagens, a mão de obra diretamente vinculada à fabricação, a energia elétrica, a manutenção dos equipamentos, a depreciação das máquinas, a mão de obra não diretamente vinculada à produção de um ou mais itens, além de outros insumos, como óleo combustível para as caldeiras, lubrificantes, oxigênio e, ainda, o aluguel proporcional do galpão.

Estamos mencionando gastos associados à fabricação; portanto, **custos** de produção. Podemos dividi-los, conforme sua associação ao produto final elaborado, em **diretos** e **indiretos**.

Diretos: São os custos correlacionados diretamente aos objetos de custeio (produtos/serviços/clientes), não necessitando de rateios. Compreendem os gastos com matérias-primas (MAT), mão de obra direta (MOD) e custos indiretos de fabricação (CIF), diretamente aplicados aos objetos de custeio. Assim, são custos diretos, por exemplo, na Alvinegra:

- Aço: matéria-prima (MAT).
- Salários e encargos dos operários diretamente envolvidos na produção: mão de obra direta (MOD).
- Energia elétrica, quando houver medidor em cada máquina (CIF).

Indiretos: São os custos não plenamente identificados com os objetos de custeio. Compreendem os gastos com materiais, mão de obra indireta (MOI) e gastos gerais de fabricação indiretamente aplicados aos objetos de custeio. Alguns materiais diretos, de pouca relevância e de difícil mensuração e associação aos objetos, são tratados como indiretos. Nessa mesma indústria mecânica, podemos indicar como custos indiretos:

- Energia elétrica, quando não houver medidor em cada máquina (CIF);
- Óleo combustível, lubrificantes, oxigênio, aluguel da fábrica (CIF);
- Salários e encargos de supervisão, manutenção e qualidade dos produtos (MOI).

Despesas, como já vimos, são gastos incorridos no processo administrativo de controle, não intimamente ligados à produção. As despesas também podem ser subdivididas em diretas e indiretas, de acordo com sua interligação com o faturamento ou a geração de receita.

Despesas diretas: São as diretamente relacionadas ao faturamento, como comissões de vendas, impostos diretos sobre o faturamento, fretes de entrega, *royalties* por utilização de processos patenteados etc. No segmento comercial, podemos incluir as despesas pagas às administradoras de cartão de crédito pela utilização do instrumento nas vendas, aluguéis de *shopping centers* ligados ao faturamento etc.

Despesas indiretas: São as que não dependem do faturamento, sendo necessárias às atividades de suporte administrativo, comercial e operacional geral, como salários e encargos sociais, prestadores de serviço diversos, tarifas públicas, aluguéis e condomínios, gerais, financeiras etc.

A propaganda é sem dúvida alguma a rubrica que gera mais dúvidas acerca de sua alocação entre os valores diretos ou indiretos. Gerencialmente, não há uma regra única de alocação válida. Entendo que, quando institucional, mesmo sendo feita para um produto apenas, ela deve ser enquadrada na coluna das indiretas, ao passo que, quando derivada de uma promoção específica para um item, seja de cunho direto. Na prática, tal distinção é extremamente complexa e, sendo assim, sugiro, na dúvida, sua alocação entre as despesas indiretas.

Apenas para complementar, jamais considere a propaganda um investimento, como é bastante comum, porque, para receber esse tratamento, os gastos deveriam fazer parte do ativo permanente da empresa, fato que, contabilmente, seria um erro crasso.

Gerencialmente, quando a empresa estiver analisando o lançamento de um novo produto ou o reforço da marca ou institucional, ela deve considerar as despesas de propaganda em seu fluxo de caixa e, caso necessário, analisar o valor presente do fluxo gerado pelas vendas que serão, de alguma forma, influenciadas pela campanha.

Assim, reforçando o conceito de **ativo**, somente os gastos realizados, que farão parte da riqueza da empresa e passíveis de depreciação, podem fazer parte do ativo **permanente** ou **imobilizado** da empresa, não sendo, portanto, passíveis de alocação aos custos e despesas do período.

Podemos elaborar um quadro-resumo dos custos e despesas dessa indústria, com valores aleatórios por rubrica escolhida. Esse quadro é essencial para o desdobramento do assunto e de como as empresas aplicam conceitos contábeis à formação de seus preços de venda. Apenas as despesas diretas não serão quantificadas em termos absolutos, pois são derivadas das receitas operacionais; em nosso caso, restritas ao faturamento.

Supomos que, no final de determinado período, a empresa tenha atingido os seguintes valores em cada conta de custos indiretos, e que os mesmos sejam representativos dos custos de médio e longo prazos (mil R$):

Óleo combustível	40
Lubrificantes	5
Oxigênio	10
Depreciação das máquinas	25
Aluguel do galpão	30
Energia elétrica	50
Seguros	5
Transporte e refeições da MOD	10
Total de custos indiretos de fabricação	**175**

Salários e encargos no Almoxarifado	30
Salários e encargos no Controle da Qualidade	20
Salários e encargos no Planejamento e Gerência da Produção	50
Total de mão de obra indireta	**100**

Os custos diretos unitários foram obtidos através da soma das requisições de matérias-primas, utilizadas em cada produto, das respectivas embalagens e pelo apontamento de horas de mão de obra utilizadas na produção de cada item. Temos os custos mostrados na Tabela 8.1 (mil R$).

Tabela 8.1 Custos

Produto	A	B	C	D	Total
Matérias-primas	157	150	142	184	633
Embalagens	13	21	10	12	56
Mão de obra direta	40	99	28	34	201
Total	210	270	180	230	890
Produção mensal (mil unidades)	70	60	45	50	225
Custo direto unitário (R$/unidade)	3,0	4,5	4,0	4,6	3,96

As despesas diretas são percentuais incidentes sobre o faturamento, considerando o valor líquido dos impostos sobre o faturamento, expurgando-se os créditos e as demais parcelas médias incidentes.

As despesas indiretas refletem o plano de contas simplificado da empresa e os valores atingidos no final do mês.

Tabela 8.2 Resumo de custos e despesas (mil R$/mês). Exemplo: Indústria Mecânica Alvinegra

	Diretos		Indiretos	
Custos	Matéria-prima	633	CIF	175
	Embalagem	56	MOI	100
	MOD	201		
	Total	890	Total	275
Despesas	Impostos	15%	Salários e encargos	70
	Comissões de vendas	2%	Aluguéis	20
	Fretes de entrega	1%	Tarifas públicas	10
			Propaganda	30
			Outras	50
			Total	180

Outra distinção fundamental quanto aos custos e despesas pode ser feita em relação às suas variabilidades, ou seja, suas interdependências em relação aos volumes produzidos ou faturados. Temos, então, os custos **fixos, variáveis** e **semivariáveis.**

Custos fixos são aqueles que não variam, independentemente dos níveis de produção ou faturamento. Esses custos são fixos no total, porém variáveis em termos unitários. No nosso exemplo, temos todas as despesas indiretas e alguns custos indiretos, como aluguel do galpão, depreciação das máquinas e mão de obra indireta, como fixos.

Os custos fixos são importantes até a definição da estrutura operacional da empresa, pois a partir da formatação básica, eles sofrem pequenas alterações, mantendo-se, *grosso modo*, constantes.

Uma das maiores implicações dos custos fixos reside nos critérios adotados para a sua alocação aos preços de venda gerando, na maioria das vezes, enormes distorções e perda de competitividade, quando rateados de modo inadequado.

Custos variáveis, ao contrário, são os que oscilam diretamente com o nível de produção ou faturamento. Inversamente aos custos fixos, não variam em termos unitários, permanecendo constantes. Na indústria analisada, são variáveis os custos e as despesas diretas, além de alguns custos indiretos, como óleo combustível e oxigênio.

Podemos inferir a lógica dos custos fixos, variáveis e suas somas e custo total pelo Gráfico 8.1.

No Gráfico 8.1 podemos verificar que, independentemente da quantidade produzida ou do faturamento, os custos fixos são os mesmos. Já os custos variáveis oscilam de acordo com a produção ou as vendas. A soma das duas parcelas gera o custo total da empresa.

Os custos fixos, como dito anteriormente, são constantes, independentemente dos níveis de produção e vendas. Supondo que, dos R$ 175 mil de CIF indiretos, R$ 125 mil sejam custos fixos e R$50 mil variáveis, oscilando com o nível de produção mas de difícil mensuração a cada produto, sendo portanto alocados como fixos, e adicionando-se as despesas indiretas, teremos para níveis hipotéticos de produção (dados em mil R$) os valores da Tabela 8.3.

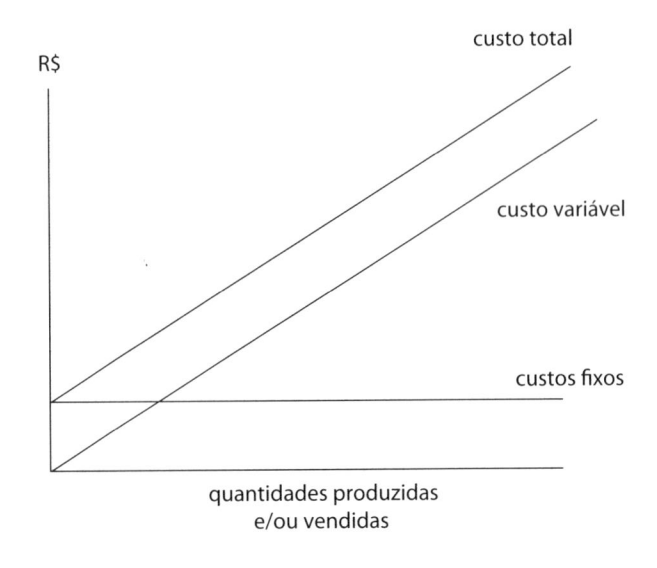

Gráfico 8.1 Estrutura de custos.

Tabela 8.3 Custos fixos

Produção (unidades)	Custos fixos (R$/mês)	Custo fixo unitário (R$/unidade)
50.000	455.000	9,10
100.000	455.000	4,55
150.000	455.000	3,03
200.000	455.000	2,28

Os custos variáveis oscilam na proporção da produção e do faturamento. Considerando a inexistência de estoques, ou seja, que todos os produtos produzidos serão vendidos e que o preço médio de venda dos produtos seja de R$ 8, os custos e despesas variáveis se comportarão conforme a Tabela 8.4 (dados em R$). Observação: mantivemos o *mix* de produção, independentemente do volume total produzido, atingindo o custo direto de R$ 3,96 por unidade (R$ 890.000/225.000 unidades). As despesas diretas foram apuradas através da multiplicação das vendas pelo percentual de 18% derivado das diversas rubricas.

Tabela 8.4 Custos variáveis

Produção (unidades)	Vendas	Custos variáveis	Despesas variáveis	Custos + despesas variáveis
50.000	400.000	198.000	72.000	270.000
100.000	800.000	396.000	144.000	540.000
150.000	1.200.000	594.000	216.000	810.000
200.000	1.600.000	792.000	288.000	1.080.000

Como dito antes, os custos fixos unitários são variáveis e os custos variáveis unitários são fixos (R$/unidade) — Tabela 8.5.

Tabela 8.5 Custos fixos unitários

Produção (unidades)	Custo fixo R$/ unidade	Custo variável R$/unidade	Custo total R$/ unidade
50.000	9,10	5,40	14,50
100.000	4,55	5,40	9,95
150.000	3,03	5,40	8,43
200.000	2,28	5,40	7,68

Assim, teremos o Gráfico 8.2:

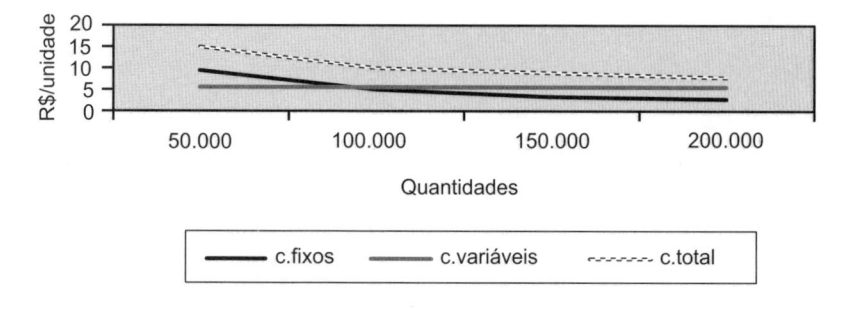

Gráfico 8.2 Custos unitários.

Custos **semivariáveis** são os que têm uma parcela que independe dos volumes de produção (fixos) e outra que oscila na proporção da produção (variáveis). A energia elétrica industrial é o exemplo mais típico desse tipo de custo, pois contém uma parcela fixa independente da utilização e outra que oscilará na medida de seu consumo.

9

■ ■ ■ ■ ■

Métodos de custeio

Diante da natureza dos custos e de como se comportam em relação aos volumes produzidos, podemos entender melhor os métodos de custeio, ou seja, como os custos devem ser levados ao objeto final; no nosso caso, o produto fabricado e vendido.

Esse mecanismo tem três possibilidades distintas que basicamente procuram retratar os custos indiretos e a melhor forma de levá-los ao custo de produto, visto que os custos diretos são de mais fácil alocação.

9.1 Custeio por absorção

A contabilidade fiscal tradicional impõe a utilização do **custeio por absorção**, no qual os custos indiretos são rateados entre os produtos, de acordo com critérios tradicionais. Contabilmente obrigatório, não tenho receio de afirmar que se trata do pior método de formação e análise de preços, quando suas premissas são adotadas do ponto de vista gerencial.

Vamos, a partir do caso da Indústria Alvinegra, analisar os métodos de custeio. Volto a frisar que os dados serão tratados exclusivamente para decisão de preços sem maiores preocupações com a contabilização de estoques iniciais, em elaboração, e de produtos acabados, que tornariam a análise distante de nosso objetivo.

Supondo que a empresa tenha uma linha com quatro produtos distintos, precisamos alocar a cada um as devidas parcelas de custos de produção. Temos os volumes de produção médios, custos diretos e respectivos preços de venda (Tabela 9.1).

Tabela 9.1 Volumes de produção médios, custos diretos e preços de venda

Produto	A	B	C	D	Total
Produção (unid./ mês)	70.000	60.000	45.000	50.000	225.000
Percentual na produção	31	27	20	22	100
Custo direto (R$mil)	210	270	180	230	890
Custo direto (R$/ unid.)	3,00	4,50	4,00	4,60	3,96
Preço de venda	6,00	8,30	8,50	10,00	8,00

Resta ainda identificar, para cada produto, a parcela referente aos custos indiretos de fabricação. Aqui reside o grande problema do método, quando utilizado na formação de preços de venda. Como vimos, tais custos não são identificáveis a cada produto, mas fazem parte da estrutura geral de fabricação e operação fabril. Entretanto, seguindo regras contábeis tradicionais, iremos alocar cada rubrica de custos indiretos aos produtos adotando bases e critérios de rateio diferenciados.

Os direcionadores de custos, ou seja, as bases de rateio mais tradicionais para a avaliação dos custos de fabricação e cômputo dos estoques são os seguintes: proporção dos custos diretos, proporção dos custos de MOD, quantidades produzidas, tempo utilizado pelas máquinas, área ocupada por linha de produção, custo da matéria-prima básica.

Caso a empresa seja departamentalizada, serão necessários ajustes dos custos indiretos dos departamentos não produtivos aos produtivos, num segundo estágio de rateio. Para facilitar e simplificar a compreensão do tema, iremos considerar o rateio dos custos indiretos, na proporção das quantidades produzidas de cada item, mesmo tendo ciência de que poderíamos fazê-lo de diversas maneiras diferentes. Repare que criamos um meio totalmente aleatório de direcionar os custos indiretos para os produtos, onerando os seus custos e, evidentemente, os preços de venda a serem praticados posteriormente.

Assim, poderemos identificar os custos indiretos associados a cada produto.

Tabela 9.2 Total dos custos indiretos: R$ 275.000

Produto	Percentual na produção total	Custo indireto alocado (R$)	Custo indireto unitário (R$)
A	31,1	85.525	1,22
B	26,7	73.425	1,22
C	20,0	55.000	1,22
D	22,2	61.050	1,22
Total	100	275.000	

Agora o quadro de custo de fabricação dos produtos estará completo (Tabela 9.3).

Tabela 9.3 Custo de fabricação dos produtos

Produto	A	B	C	D	Total
Produção (unid./mês)	70.000	60.000	45.000	50.000	225.000
Percentual na produção	31	27	20	22	100
Custo direto (R$/unid.)	3,00	4,50	4,00	4,61	3,96
Custo indireto (R$/unid.)	1,22	1,22	1,22	1,22	1,22
Custo total (R$/unid.)	4,22	5,72	5,22	5,83	5,18

No custeio por absorção, as despesas não são rateadas por produto, sendo levadas diretamente às contas de resultados do exercício fiscal.

Simplificando, podemos demonstrar o resultado dessa empresa pelo custeio por absorção avaliando os resultados de cada produto vendido (Tabela 9.4, dados em mil R$).

Tabela 9.4 Quadro-resumo: custeio por absorção
(base de rateio: quantidades produzidas)

Produto	A	B	C	D	Total
Receita bruta	420	498	383	500	1.801
Custos diretos	210	270	180	230	890
Custos indiretos	86	73	55	61	275
Despesas diretas	76	90	69	90	325
Resultado/produto	48	65	79	119	311
Despesas indiretas					180
Lucro antes dos impostos					131

Para ficar mais clara a afirmação de que o custeio por absorção para a formação e análise de preços é o pior método, vamos agora distribuir os custos indiretos por outro direcionador, escolhendo o percentual dos custos diretos de cada produto em relação ao total de custos diretos, como a base de rateio (Tabela 9.5).

Tabela 9.5 Quadro-resumo: custeio por absorção
(base de rateio: custo direto)

Produto	A	B	C	D	Total
Receita bruta	420	498	383	500	1.801
Custos diretos	210	270	180	230	890
Custos indiretos	65	83	56	71	275
Despesas diretas	76	90	69	90	325
Resultado/produto	69	55	78	109	311
Despesas indiretas					180
Lucro antes dos impostos					131

Utilizamos outra base de rateio e chegamos a resultados finais iguais, logicamente, pois apenas distribuímos de modo diferente os custos indiretos. Entretanto, os produtos apresentam resultados bastante diversos e ficamos inseguros a respeito de suas contribuições para a empresa. Se o leitor me perguntar qual dos resultados é o mais correto, eu diria que nenhum deles.

Tantas quantas forem as bases de rateio adotadas, os resultados divergirão e ficaremos sem resposta para a pergunta. O mais importante é notar que qualquer metodologia de rateio será tendenciosa e falsa, pois nada indica, de modo realista, que os custos indiretos variam de acordo com o número de unidades produzidas, tampouco de acordo com os custos diretos de fabricação. O mais correto e prudente seria identificar os motivos ou atividades que geram esses custos, a fim de que eles possam ser alocados com base em critérios mais consistentes.

9.2 Custeio direto ou variável

O segundo método de custeio, permitido apenas nas avaliações gerenciais, não sendo portanto utilizado fiscalmente, é o **custeio direto** ou **variável**. Através dele, os custos indiretos não são levados à análise de resultados dos produtos; estes passam a ser avaliados por suas **margens de contribuição**. Esse é um indicador precioso na avaliação de um portfólio de produtos, pois indica a contribuição de cada produto para a amortização dos custos fixos e para a geração dos resultados finais da empresa.

A margem de contribuição é calculada pela diferença entre o preço de venda e os custos variáveis, e desse valor podemos retirar a margem de contribuição unitária e percentual de cada produto. Assim:

$$MC = PV - CV$$

$$\% MC = (MC/PV) \times 100$$

Esse tópico foi inúmeras vezes mencionado em nossos capítulos mercadológicos, sendo, sem dúvida, a principal ferramenta de análise de lucratividade dos produtos e serviços.

Considerando a Indústria Alvinegra, teríamos a demonstração de resultados dos produtos através do custeio direto da Tabela 9.6.

Tabela 9.6 Quadro-resumo: custeio direto ou variável

Produto	A	B	C	D	Total
Receita bruta	420	498	383	500	1.801
Custos diretos	210	270	180	230	890
Despesas diretas	76	90	69	90	325
Margem de contribuição	134	138	134	180	586
Percentual da margem contribuição	32	28	35	36	33
Custos indiretos					275
Despesas indiretas					180
Lucro antes dos impostos					131

Os produtos são analisados por suas margens, e a interpretação é completamente distinta daquela realizada via custeio por absorção. Interpretamos a empresa com quatro produtos que contribuem, de modo diferenciado, para o pagamento dos custos fixos e o resultado final, todos positivamente. O método é excelente para averiguar o efeito de políticas de vendas especiais. Vejamos um exemplo.

Considere que a Alvinegra tenha recebido uma proposta tentadora para vender toda a sua produção média atual do produto B, além de um acréscimo de 20%, ou seja, 12.000 unidades, desde que haja uma redução de preços dos R$ 8,30 (atual) para R$ 7,00, com desconto de 15,6%, para o volume incremental. Os custos indiretos, óleo combustível e oxigênio, identificados como variáveis, sofrerão um acréscimo de R$ 10 mil, motivado pelos novos volumes de produção. Esses custos serão alocados diretamente ao produto B, em ambos os métodos. Vejamos, adiante, os novos resultados da empresa por meio de cada um dos métodos (os campos alterados estão em negrito).

Caso a empresa adote o custeio por absorção, independentemente da base de rateio, a interpretação será bastante prejudicada, pois o produto B permanecerá com resultados similares à situação sem desconto e ampliação de volume (Tabela 9.7).

Tabela 9.7 Custeio por absorção (base de rateio: quantidades produzidas)

Produto	A	B	C	D	Total
Receita bruta	420	582	383	500	1.885
Custos diretos	210	334	180	230	954
Custos indiretos	81	84	52	58	275
Despesas diretas	76	105	69	90	340
Resultado/produto	53	59	82	122	316
Despesas indiretas					180
Lucro antes dos impostos					136
Quantidades	70.000	72.000	45.000	50.000	237.000

Tabela 9.8 Custeio por absorção (base de rateio: custo direto)

Produto	A	B	C	D	Total
Receita bruta	420	582	383	500	1.885
Custos diretos	210	334	180	230	954
Custos indiretos	60	96	52	67	275
Despesas diretas	76	105	69	90	340
Resultado/produto	74	47	82	113	316
Despesas indiretas					180
Lucro antes dos impostos					136

Tabela 9.9 Custeio direto ou variável

Produto	A	B	C	D	Total
Receita bruta	420	582	383	500	1.885
Custos diretos	210	334	180	230	944
Despesas diretas	76	105	69	90	340
Margem de contribuição	134	143	134	180	591
Percentual da margem de contribuição	32	25	35	36	31
Custos indiretos					275
Despesas indiretas					180
Lucro antes dos impostos					136

No entanto, se prevalecer o custeio direto, a empresa observará, muito mais rapidamente, que o lucro final se amplia, apesar da redução na margem de contribuição unitária de B. Realmente, o valor a ser considerado na análise é a margem total de contribuição, a qual será aumentada com o volume adicional de B, mesmo com a redução de seu preço unitário.

Essa avaliação fica ainda muito mais clara quando um dos produtos, pelo critério de absorção, passa a ter resultado negativo, acarretando muitas vezes o aumento de preços ou até mesmo sua descontinuidade.

Nesse exemplo, não consideramos nenhuma restrição ao aumento de produção, imaginando que a empresa pudesse adequar-se a alterações no volume produzido. Entretanto, em várias situações reais, essa realidade é outra, ou seja, existem fatores limitadores à ampliação da produção. Imagine, por exemplo, que a empresa tenha um fator limitador na capacidade de produção das máquinas. Cada produto requer dos equipamentos cargas horárias diferentes, e a empresa já utiliza 96% de toda a sua capacidade de produção.

Na Tabela 9.10 temos o número de minutos/máquina atualmente necessários para a fabricação de cada produto (ver planilha **Margem com fator limitativo**, pasta **atual**).

Tabela 9.10 Minutos/máquina necessários para a fabricação de cada produto

Produto	Minutos/máquina (unidade produzida)	Produção (unid./mês)	Minutos/mês de produção
A	3	70.000	210.000
B	2	60.000	120.000
C	1	45.000	45.000
D	5	50.000	250.000
Total		225.000	625.000

A Alvinegra recebeu uma proposta de fornecimento que implica um aumento de 15% na entrega de todos os produtos. A questão é saber quais quantidades de cada produto deverão ser fabricadas, a fim de maximizar o lucro total da empresa. Para tanto, devemos calcular a margem de contribuição por fator limitativo, conforme a seguir.

A solução dessa situação é desenvolvida pela avaliação da margem de contribuição por hora/máquina utilizada. Como vemos, segundo tal raciocínio, o produto D — a princípio, o mais lucrativo — é na verdade o terceiro menos lucrativo, utilizando muitas horas/máquinas, ao passo que C, teoricamente menos lucrativo, tem essa lógica invertida quando nos deparamos com a limitação na produção (ver planilha **Margem com fator limitativo**, pasta **Proposta**).

Se não houvesse qualquer empecilho para a produção, deveríamos manter o mesmo *mix* atual, mas, como surgem novas demandas, deveremos analisar a margem de contribuição total, com fator limitante. Assim, deveremos produzir os produtos mais lucrativos até que se esgotem suas necessidades. O novo quadro, antes da decisão de quais e quantos itens devem ser produzidos, ficará como na Tabela 9.11.

Tabela 9.11 Itens que devem ser produzidos

Produto	A	B	C	D	Total
Produção (unidades/mês)	70.000	60.000	45.000	50.000	225.000
Produção proposta (unidades/mês)	80.500	69.000	51.750	57.500	258.750
Minutos/máquina atuais	210.000	120.000	45.000	250.000	625.000
Minutos gastos para produzir uma unidade	3	2	1	5	
Minutos gastos para produção proposta	241.500	138.000	51.750	287.500	718.750
Capacidade nominal em minutos/ máquina					650.000
MC total R$	134.400	138.560	133.800	179.650	586.410
MC unitária R$	1,92	2,31	2,97	3,59	
MC por fator limitativo R$/ minuto máquina	0,64	1,15	2,97	0,72	

Como a empresa só dispõe de 650.000 minutos/máquina, ela vai estabelecer a produção de acordo com os produtos mais lucrativos com base na margem de contribuição, a partir do fator limitativo. Assim, teremos a Tabela 9.12 (ver planilha **Margem com fator limitativo**, pasta **Produção com limitação**).

Tabela 9.12 Produtos mais lucrativos

Produto (unidades)	Produção	Minutos/ máquina	MC/ minuto	MC total R$
C	51.750	51.750	2,97	153.870
B	69.000	138.000	2,31	159.344
D	57.500	287.500	0,72	206.598
Subtotal	178.250	477.250		519.812
Saldo para capacidade máxima		172.750		
A	57.583	172.750	0,64	110.560
Total	235.833	650.000	0,97	630.372

Como são necessários três minutos para a produção de cada unidade de A, a empresa somente poderá fabricar 57.583 unidades, que representarão 72% do pedido de entrega desse produto. Qualquer outra combinação de produção, sob as limitações apresentadas, não proporcionará a mesma margem de contribuição calculada anteriormente.

Finalizando a abordagem do custeio direto, uma dúvida que normalmente cerca o procedimento consiste em identificar se a margem de contribuição atingida é boa ou ruim; em outras palavras, qual deve ser a margem para determinado produto/serviço. A resposta pode ser dada de formas bastante diferenciadas, e eu diria que depende! Depende, basicamente, do setor de atividade analisado.

Volte ao quadro inicial de custos e despesas da Alvinegra e repare que, em uma atividade industrial padrão, os custos e despesas indiretas são bastante significativos em relação aos custos totais e ao faturamento. Se os custos fixos forem representativos, a margem de contribuição precisa ser elevada para amortizá-los e ainda gerar, no total, um lucro líquido aos acionistas. Portanto, margens de 50% sobre o preço representam um valor nada excepcional, pois, na verdade, indicam a necessidade de sobrevivência e crescimento da operação. Evidentemente, dependendo da magnitude dos custos fixos, esse valor pode oscilar razoavelmente, mas pode servir como balizamento inicial.

Utilizando o mesmo raciocínio, vemos que em uma atividade comercial os custos fixos são baixos em relação aos custos variáveis, que têm nos materiais de revenda e nos impostos os maiores valores relativos em relação ao faturamento. Assim, a margem de contribuição dependerá muito fortemente do posicionamento adotado, de produtos *premium* ou de preços de mercado. Eu diria que as margens têm um patamar máximo aproximado de 30% que, se forem obtidos em locais de maior custo fixo, podem não indicar, necessariamente, altos lucros finais. Veja o exemplo das lojas situadas em *shopping centers*, que arcam com elevados valores de aluguéis mensais, necessitando operar com margens mais elevadas.

As empresas prestadoras de serviços guardam uma relação mais próxima do segmento industrial, pois a maior parte de seus custos são fixos, isto é, basicamente despesas indiretas. Assim, é comum e necessário encontrarmos margens próximas de 50%, visto que a parcela de custos variáveis é bastante reduzida em relação aos fixos.

Logicamente, a análise criteriosa de cada atividade é que vai indicar a possibilidade e necessidade das margens de contribuição. De qualquer forma, a lógica do valor está associada ao montante dos custos fixos e sua representatividade nos custos e faturamento totais.

9.3 Custeio baseado em atividades (ABC)

No final da década de 1990, surgiu uma nova metodologia de interpretação e alocação dos custos e despesas indiretas para produtos e seus respectivos preços de venda.

Diferentemente dos métodos anteriores, em que os custos indiretos eram rateados por critérios aleatórios (absorção) ou eram amortizados integralmente pela margem de contribuição total dos produtos (custeio direto), no **ABC** a lógica é voltada para o custeio das atividades que geraram os custos e despesas e para os motivos principais de suas gerações (os chamados direcionadores de custos de atividades). Ressalte-se que, assim como nos demais métodos de custeio, a lógica do ABC é originária do segmento industrial.

O método surgiu, basicamente, em função da precariedade de informações gerenciais proporcionadas pelos critérios anteriores, visto que, com a série de modelos desenvolvidos a partir da década de 1980, como reengenharia de sistemas, robotização das fábricas, sistemas da qualidade total e suas vertentes, *downsizing* etc., houve considerável modificação no perfil de custos das indústrias, com redução significativa nos custos diretos: leia-se mão de obra direta e reciprocidade nos custos indiretos de produção, e despesas indiretas de controle e gestão.

Como os custos indiretos passaram a ser muito representativos no total geral das indústrias, havia necessidade de melhor controlá-los, alocando-os de modo mais fundamentado aos diversos objetos de custeio, como produtos, clientes, linhas de negócios, filiais etc.

Cooper e Kaplan[1] consideram que o ABC "é uma abordagem que analisa o comportamento dos custos por atividade, estabelecendo relações entre as atividades e o consumo de recursos, independentemente de fronteiras departamentais, permitindo a identificação dos fatores que levam a instituição ou empresa a incorrer em custos em seus processos de oferta de produtos e serviços e de atendimento a mercados e clientes".

Ostrenga[2] diz que "o custeio baseado em atividades é tão aplicável a organizações de serviços quanto a indústrias. Além disso, aplica-se tanto à determinação dos custos de serviços, clientes ou linhas de negócios, como à determinação dos custos de produtos manufaturados".

Considerando a maior complexidade do sistema ABC quando comparado com o sistema de custeio tradicional, por ocasião da avaliação da conveniência de mudança na sistemática, a aplicação é recomendável somente nos seguintes casos:

- Custo indireto como parcela significativa na composição do custo total;
- Diversidade de produtos e/ou serviços com variação relevante nos volumes de produção ou processo produtivo;

---

[1] Conselho Regional de Contabilidade (SP). *Custo com ferramenta gerencial*. 8 ed. São Paulo: Atlas, 1995. p. 16.

[2] Ostrenga, Michael. *Guia da Ernst & Young para gestão total dos custos*. Rio de Janeiro: Record, 1993. p. 169.

- Encomendas especiais cujo volume e/ou especificações do produto variam de acordo com determinações impostas pelo cliente.

9.3.1 Comparação entre o sistema de custeio ABC e os sistemas de custeio tradicionais

O sistema de custeio ABC, diferentemente dos demais, busca diminuir a alocação aleatória de custos indiretos ou sua não associação aos produtos finais elaborados. Além de se preocupar com o custo de produção, procura apurar o custo decorrente de situações atípicas ou inesperadas, como custos de paralisações de fábrica ou de reprocesso de um lote de produtos. Os sistemas tradicionais avaliam apenas o custo do produto ou do serviço executado.

Ademais, o sistema ABC inicia a quantificação a partir do instante em que, num processo industrial, ocorrem custos gerados pelo recebimento da matéria-prima. Tais custos deverão ser observados na formação do custo do produto. Nos sistemas tradicionais, a acumulação dos custos do produto inicia-se apenas no processamento industrial da matéria-prima.

No ABC são computadas, também, as despesas anteriores e posteriores à venda, como gastos de garantia e assistência pós-venda. Nos sistemas tradicionais, não existe esse tipo de preocupação, sendo o custo do produto encerrado no momento da sua passagem para o estoque de produtos acabados.

Uma atividade pode ser descrita como uma série de processos interligados utilizando diversos recursos, com o intuito de agregar valor à atividade-fim da empresa. Assim, enquanto no sistema tradicional de contabilidade os diversos departamentos são divididos de acordo com suas atividades principais, ou seja, departamentos de compras, industrial, vendas etc., no ABC são analisadas as atividades desenvolvidas por toda a empresa e seus custos derivados de diversos setores estanques.

Exemplificando, imagine, na Alvinegra, que o processo de compras, ou seja, a atividade "comprar insumos", seja desenvolvida por um setor específico da empresa e que, para definir esse montante, sejam necessárias diversas atividades anteriores, como planejar vendas, analisar o mercado potencial, contatar fornecedores, pesquisar os melhores preços de insumos etc. Como se vê, esse é um processo no qual diversos setores da empresa têm participação, e será consumado no ato de emissão do pedido de compra.

Várias atividades profissionais e recursos adicionais foram necessários, como tempo de máquinas de computadores, espaço físico ocupado pelos responsáveis pelas informações, salários e encargos, despesas telefônicas etc.

Enquanto, pelo custeio por absorção, essas despesas seriam levadas à conta de resultado do período ou a custos de produção rateados, no custeio direto deveriam ser amortizadas pela margem de todos os produtos, pois não seriam perfeitamente alocáveis a cada produto. Já no custeio ABC, analisaríamos os custos da atividade "comprar insumos" alocando-os a cada produto fabricado de acordo com o direcionador mais apropriado, tal como o número de pedidos de compra necessários para fabricar cada produto.

Algumas denominações merecem melhor explicação para o perfeito entendimento do método, antes mesmo de apresentarmos um exemplo prático.

Atividade é a combinação de recursos necessários, de toda ordem, sejam humanos, materiais, tecnológicos e financeiros, para se produzirem bens ou serviços, formada por uma ou várias tarefas indispensáveis à sua realização.

Direcionadores de custos de recursos indicam a maneira como as atividades consomem recursos e como eles são utilizados para custeá-las. Em nosso exemplo, temos o aluguel da fábrica, os custos de energia elétrica, salários indiretos etc. Para atingir nossos objetivos de custeamento, deveremos indicar para cada direcionador os seus respectivos critérios de cálculo. Assim, para o aluguel podemos utilizar a área ocupada por departamento nas várias tarefas executadas. Outros direcionadores poderão ser calculados mediante alocação direta, tal como a energia elétrica, se a empresa dispuser de medidores departamentalizados. Já a propaganda deve, se institucional da organização, ser rateada por algum método aleatório, normalmente o do peso no faturamento total.

Direcionadores de custos de atividades indicam o modo pelo qual os produtos consomem atividades e servem para custeá-los. Por exemplo, a quantidade de vezes em que se emitem pedidos de compra de insumos para a atividade de comprar materiais.

O custo de uma atividade inclui todo o dispêndio de recursos necessários para desempenhá-la, incluindo remunerações, materiais, instalações, energia etc. Assim, os custos de cada atividade serão obtidos a partir da alocação direta, do rastreamento e eventuais rateios, quando não for possível identificá-los nos produtos.

A atribuição de custos às atividades deve ser feita do modo mais rigoroso possível, obedecendo às seguintes prioridades:

- **Alocação direta** — relação direta do custo à atividade (material, salários etc.).
- **Rastreamento** — alocação de custos baseada nos motivos que geraram os custos e respectivas atividades. É apresentada através dos direcionadores de custos de recursos e atividades.
- **Rateio** — impossibilidade de alocação direta e rastreamento. Implica possíveis erros de custeamento, como já mencionamos no custeio por absorção.

Utilizando os dados da Indústria Alvinegra, vamos analisar os resultados dos produtos, de acordo com o ABC. Para tanto, criaremos algumas atividades e as associaremos aos respectivos direcionadores mais apropriados e passíveis de serem obtidos.

Tabela 9.13 Principais atividades desenvolvidas pelo setor fabril e seus respectivos custos, no total de R$ 275 mil (CIF + MOI)

Atividades	Mil R$
Receber materiais	30
Movimentar e estocar materiais na fábrica	22
Controlar qualidade dos produtos	25
Planejar a produção	43
Controlar a produção	95
Manter as máquinas em funcionamento normal	60
Total	275

Tabela 9.14 Principais atividades desenvolvidas pelo setor administrativo e seus respectivos valores, no total de R$180 mil

Atividades	Mil R$
Controlar clientes e vendas	65
Monitorar as finanças da empresa	30
Gerenciar RH	28
Elaborar e controlar políticas mercadológicas e comerciais	57
Total	180

Nessa etapa, os valores das atividades foram estipulados após uma longa análise de todos os recursos envolvidos em cada uma delas, sejam eles materiais ou humanos. Sem dúvida, essa é uma etapa muito delicada em todo o processo ABC, por envolver uma radiografia das tarefas executadas, seus tempos necessários e recursos utilizados para tal fim.

A segunda etapa consiste na identificação dos direcionadores de custos das atividades que melhor retratem os motivos principais para a existência das atividades.

Vamos separar os custos indiretos e as despesas indiretas, supondo que sejam os melhores direcionadores das atividades.

A próxima etapa é identificar os direcionadores de custos de recursos, ou seja, avaliar os números relativos a cada produto, em seus respectivos direcionadores de recursos de atividades. Temos, então, a Tabela 9.15.

Tabela 9.15 Direcionadores de custos de recursos

Atividades	Direcionadores de custos de atividades
Receber materiais	Número de materiais recebidos no período
Movimentar e estocar materiais na fábrica	Espaço físico ocupado pelo estoque de matérias-primas e acabados (%)
Controlar qualidade dos produtos	Percentual de tempo despendido no controle

(continua)

(continuação)

Planejar a produção	Número de itens produzidos
Controlar a produção	Número de itens produzidos
Manter as máquinas em funcionamento normal	Custos de pessoal e insumos necessários
Controlar clientes e vendas	Número de clientes por produto
Monitorar as finanças da empresa	Percentual de faturamento por produto — rateio
Gerenciar RH	Percentual de faturamento por produto — rateio
Elaborar e controlar políticas mercadológicas e comerciais	Tempo despendido dos funcionários envolvidos em cada produto (%)

Podemos agora calcular os custos indiretos e as despesas indiretas unitárias de cada produto, somando-as aos custos e despesas diretas, obtendo assim o resultado ou "lucro" de cada produto.

Tabela 9.16 Custeio ABC: custos e despesas indiretas unitárias por produto

Produto	A	B	C	D	Total
Custos indiretos R$	83.426	69.822	54.942	66.810	275.000
Despesas indiretas R$	51.883	45.205	34.776	48.137	180.000
Produção média	70.000	60.000	45.000	50.000	225.000
Custo industrial unitário R$	1,19	1,16	1,22	1,34	1,22
Despesa industrial unitária R$	0,74	0,75	0,77	0,96	0,80
R$/unidade	1,93	1,91	1,99	2,30	2,02

Tabela 9.17 Custeio ABC (mil R$)

Receita bruta	420	498	383	500	1.801
Custos diretos	210	270	180	230	890
Custos indiretos	83	70	55	67	275
Despesas diretas	76	90	69	90	325
Despesas indiretas	52	45	35	48	180
Lucro antes dos impostos	(1)	23	44	65	131

Resumindo e finalizando, vamos analisar os resultados, em conjunto, dos três métodos e comparar suas consequências práticas (Tabela 9.18, dados em R$).

Tabela 9.18 Resultados

Produto A	Custeio absorção: base quantidades	Custeio direto	Custeio ABC
Receita de vendas	420	420	420
Custos diretos	210	210	210
Despesas diretas	76	76	76
Margem de contribuição	–	134	–
Custos indiretos	86	–	83
Despesas indiretas	–	–	52
Resultado	48	134	(1)

Produto B	Custeio absorção: base quantidades	Custeio direto	Custeio ABC
Receita de vendas	498	498	498
Custos diretos	270	270	270
Despesas diretas	90	90	90
Margem de contribuição	–	138	–
Custos indiretos	73	–	70
Despesas indiretas	–	–	45
Resultado	65	138	23

(*continua*)

(*continuação*)

Produto C	Custeio absorção: base quantidades	Custeio direto	Custeio ABC
Receita de vendas	383	383	383
Custos diretos	180	180	180
Despesas diretas	69	69	69
Margem de contribuição	–	134	–
Custos indiretos	55	–	55
Despesas indiretas	–	–	35
Resultado	79	134	44

Produto D	Custeio absorção: base quantidades	Custeio direto	Custeio ABC
Receita de vendas	500	500	500
Custos diretos	230	230	230
Despesas diretas	90	90	90
Margem de contribuição	–	180	–
Custos indiretos	61	–	67
Despesas indiretas	–	–	48
Resultado	119	180	65

Total geral	Custeio absorção: base quantidades	Custeio direto	Custeio ABC
Receita de vendas	1.801	1.801	1.801
Custos diretos	890	890	890
Despesas diretas	324	324	324
Margem de contribuição	–	586	–
Custos indiretos	275	275	275
Despesas indiretas	180	180	180
Resultado	131	131	131

O leitor deve estar questionando, após todas essas demonstrações, qual, enfim, é o melhor método de custeio para o gerenciamento dos preços de venda. Eu diria, com certeza, que o pior é o de absorção, em virtude das inúmeras aleatoriedades que carrega. Entendo que o custeio direto tem muitas vantagens, principalmente por não ratear os custos fixos e permitir a avaliação das contribuições marginais de cada produto. Entretanto, nos segmentos industriais e de prestação de serviços, os custos e despesas indiretos são muito significativos, podendo inviabilizar lucrativamente alguns produtos e serviços, fato que não será detectado pelo custeio direto.

Em relação ao ABC, como foi visto, os direcionadores de custos nada mais são que bases de critérios de rateio. Entretanto, ao contrário da absorção, são analisados de maneira muito mais criteriosa. De qualquer forma, caso tais direcionadores sejam mal escolhidos ou de difícil associação às atividades, o problema persistirá, e os custos de implantação e manutenção do método serão muito elevados.

Assim, sugiro, sempre que possível, a abordagem de custeio direto mesclado ao ABC, identificando os custos das principais atividades e seus direcionadores, evitando, entretanto, os rateios como fizemos para as atividades *monitorar finanças* e *gerenciar RH* que, claramente, são despesas não vinculáveis a produtos. Essas despesas devem continuar sendo tratadas como custos fixos a serem amortizados pela margem de todos os produtos (repare que essa margem não é de contribuição, pois já teríamos alocado parcela de custos e despesas indiretas).

9.4 Exercícios

1) Responda:

   a) Qual o significado de margem de contribuição?
   b) Dê um exemplo prático para a resposta *a*.
   c) Qual o grande risco da adoção do custeio por absorção?
   d) Qual o maior fator limitativo de produção em sua empresa?

2) A indústria X possui as informações de faturamento e custos (R$/mil/mês) mostradas na tabela a seguir.

Produto	Preço de venda	Quantidade	Custo de materiais	Impostos	Mão de obra direta
A	5	100.000	260.000	61.000	22.000
B	30	10.000	150.000	32.000	10.500
C	10	20.000	120.000	21.700	7.000
D	50	1.000	23.500	6.500	1.900
E	8	15.000	40.000	19.000	7.200
Total		146.000	593.500	140.200	48.600

A empresa tem ainda os seguintes custos e despesas mensais (R$/mil):

Mão de obra indireta industrial	18.000
Custos indiretos de fabricação	65.000
Pessoal administrativo	120.000
Energia do escritório	12.000
Depreciação de máquinas administrativas	25.000
Outras despesas indiretas	100.000

a) Calcule a margem de contribuição de cada produto e o lucro final da indústria utilizando o custeio direto ou variável.

b) Calcule o "lucro" de cada produto e o total da indústria utilizando o custeio por absorção. Utilize o faturamento relativo a cada produto como base de rateio dos custos indiretos.

c) Calcule o "lucro" de cada produto e o total da indústria utilizando o custeio por absorção. Utilize a quantidade produzida, de cada produto, como base de rateio dos custos indiretos.

3) A Indústria Eletrônica Y fabrica e vende dois tipos de DVD de alta qualidade, A e B, para os quais as seguintes informações são disponíveis:

	Custo unitário (R$)	
Item	**A**	**B**
Materiais diretos	330	350
Mão de obra direta (R$ 30/hora)	50	80
Custo variável (R$ 4 por hora de máquina)	20	40
Custo por unidade	400	470
Preço por unidade	600	700

A demanda para os dois modelos cresceu rapidamente, e a indústria já não consegue atendê-la. No momento, a demanda mensal é de 8.500 unidades para A e 5.400 unidades para B. A capacidade mensal está limitada a 65.000 horas de máquina.

a) Determine a margem de contribuição por unidade de cada produto.
b) Determine o *mix* de produtos que maximiza o lucro.
c) Suponha que a indústria tenha recebido um pedido especial, de um novo cliente, para comprar 1.000 unidades de A por R$ 580 cada uma. O pedido deve ser aceito? Qual o novo *mix* de produção, caso se aceite o pedido?

4) Com base nas informações a seguir, calcule o resultado da empresa de treinamento A e de cada curso, utilizando:
a) Custeio ABC.
b) Custeio por absorção, considerando o rateio dos custos através da quantidade de alunos treinados.
c) Custeio por absorção, considerando o rateio dos custos através do percentual no faturamento de cada curso, em relação ao total faturado.
d) Custeio direto ou variável.

A empresa presta serviços de **treinamento especializado em informática.**

Para tais serviços, estruturou-se em processos e atividades descritas nas tabelas seguintes (custos anuais).

Processo de divulgação dos cursos

Atividades	Custo (R$)	Tarefas básicas	Custo (R$)	Direcionador de custos
Anúncios na mídia	240.000	Preparar o anúncio	40.000	Número de anúncios
			80.000	
		Contratar a mídia	120.000	
		Pagar a fatura	240.000	
Mala direta	50.000	Relacionar clientes	15.000	Quantidade de turmas
		Preparar material	20.000	
		Enviar material	15.000	
			50.000	

Planejamento e execução dos cursos

Atividades	Custo (R$)	Tarefas básicas	Custo (R$)	Direcionador de custos
Controlar curso	87.000	Controlar frequência	15.000	Número de alunos por curso
		Controlar pagamentos	45.000	
		Emitir diplomas	27.000	
			87.000	
Analisar cursos a oferecer	130.000	Analisar mercado	50.000	Número de alunos por curso
		Pesquisar demanda	50.000	
		Pesquisar parceiros	30.000	
			130.000	
Ministrar treinamento	495.000	Pagar instrutores	250.000	Quantidade de turmas
		Gerar material de aula	45.000	
			165.000	
		Pagar impostos	35.000	
		Conectar Internet	495.000	

Processo de apoio administrativo

Atividades	Custo (R$)	Tarefas básicas	Custo (R$)	Direcionador de custos
Suporte	55.000	Comunicações Informática	35.000 20.000 55.000	Tempo de uso da rede
Geral	80.000	Manutenção Serviços gerais	15.000 65.000 80.000	Número de funcionários

A empresa oferece quatro cursos de especialização em redes locais, com os dados (valores anuais) mostrados a seguir.

Valores dos cursos de especialização

Itens	Curso 1	Curso 2	Curso 3	Curso 4	Total
Preço por aluno	1.200	1.350	1.400	1.700	
Alunos	240	288	432	165	1.125
Turmas	24	36	48	15	123
Anúncios	12	18	16	8	54
Mala direta	12	12	12	12	48
Linhas utilizadas (minutos)	250	310	450	180	1.190
Funcionários por curso	5	6	6	3	20

As respostas dos Exercícios 2, 3 e 4 estão na internet, nos *sites* indicados (ver planilha **Exercícios**, referente ao capítulo 9, no conteúdo complementar).

10

Outras avaliações financeiras

10.1 Ponto de equilíbrio operacional

Uma informação gerencial obrigatória, derivada da política de preços adotada, é a quantificação do ponto de equilíbrio operacional (PEO), ou *break even point*, que define o valor da receita bruta necessária para amortizar os custos fixos e as variáveis da empresa.

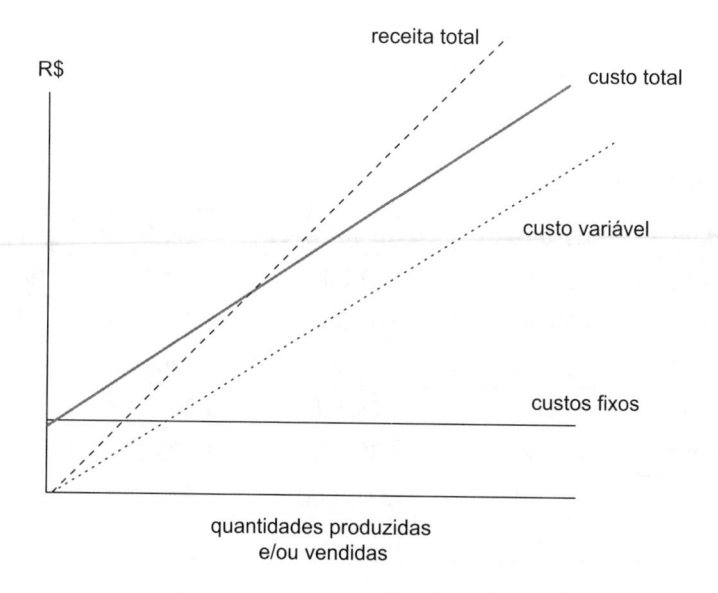

Gráfico 10.1 Ponto de equilíbrio operacional.

O Gráfico 10.1 indica que os custos fixos são constantes e as variáveis oscilam proporcionalmente às receitas e à produção. O PEO indica o nível mínimo de receitas para amortizar os custos totais a determinado nível de produção e vendas.

Podemos calcular esse valor de diversos modos, mas o que melhor expressa a utilização do custeio direto é:

PEO = Custos fixos/% margem de contribuição média

Utilizando os dados da Indústria Alvinegra, teríamos:

PEO = (275.000 + 180.000)/0,33 = R$ 1.378.788

Processando a prova desse valor, temos (R$):

Receita para PEO	1.378.788
Custos e despesas variáveis no PEO (67%)	923.788
Margem de contribuição (33%)	455.000
Custos fixos	455.000
Lucro líquido	0

Numericamente, teremos os valores da Tabela 10.1.

Tabela 10.1 Valores PEO

Vendas	Custo fixo	Custo variável	Custo total	Lucro
1.100.000	455.000	737.000	1.192.000	(92.000)
1.200.000	455.000	804.000	1.259.000	(59.000)
1.300.000	455.000	871.000	1.326.000	(26.000)
1.378.788	455.000	923.788	1.378.788	0
1.400.000	455.000	938.000	1.393.000	7.000
1.500.000	455.000	1.005.000	1.460.000	40.000
1.600.000	455.000	1.072.000	1.527.000	73.000

Já que você entendeu o conceito, responda rápido: se o PEO for alcançado a um nível de vendas próximo de R$ 1.379,00, qual será o lucro da empresa se o faturamento for de R$ 1.400,00?

Errado se a resposta foi R$ 21.000,00, como é bastante comum! Certo se a resposta foi R$ 6,9 mil. Vejamos por quê.

O PEO pressupõe o pagamento de todos os custos em seu nível, ou seja, os custos fixos e variáveis proporcionais àquele volume de vendas. Ao superar em R$ 21.000,00 o PEO, a empresa continuará incorrendo em custos variáveis, como impostos, comissões etc., que representam 67% do incremental de receita entre o volume atingido no PEO e R$ 1.400,00. Portanto, os custos fixos estarão amortizados, mas os custos variáveis continuarão crescendo, restando o lucro de 33% sobre o faturamento adicional representado pela margem de contribuição média.

O pressuposto básico para essa avaliação é que os custos fixos permaneçam iguais e que o *mix* de vendas e margens não se altere.

Cuidado com alguns detalhes, como:

- Não existe o PEO de cada produto, pois os custos fixos são da empresa e não do produto (custeio direto). Essa análise somente tem sentido prático quando a empresa estiver avaliando uma ampliação de custos associados diretamente ao produto, como em uma promoção específica, sendo válido analisar o faturamento adicional para "pagar" esses custos incrementais;
- Os custos fixos utilizados na fórmula devem retratar um período médio representativo das operações normais da empresa. Assim, atividades com altas sazonalidades anuais devem utilizar parâmetros de cada período de tempo (por exemplo, moda, sorvete, indústria de pranchas de surfe, usinas de açúcar etc.);
- Exceto se a empresa possuir apenas um produto em linha normal, é praticamente impossível e sem sentido calcular o PEO em quantidades. Para minorar esse fato, é possível, por exemplo, calcular o preço médio ponderado de todos os produtos e, assim, identificar o PEO aproximado, em unidades, conforme a Tabela 10.2 (por exemplo, Indústria Alvinegra).

Tabela 10.2 Valores PEO aproximado

Produto	Preço unitário	Unidades
A	6.00	70.000
B	8.30	60.000
C	8.50	45.000
D	10.00	50.000
Total	8.00	225.000

PEO (unidades) = PEO/para venda média ponderada

PEO (unidades) = 1.378.788/**8.0** = 172.349 unidades

Evidentemente, esse cálculo só terá sentido se os produtos e preços guardarem similaridade.

10.2 Alavancagem operacional

O termo **alavancagem** envolve um conceito bastante usado para descrever a capacidade de a empresa utilizar ativos ou recursos como custos fixos, a fim de aumentar os retornos de seus proprietários.

A expressão **alavancagem operacional** está associada à capacidade de a empresa utilizar custos fixos operacionais a fim de aumentar os efeitos das variações em vendas sobre o lucro antes dos impostos.

É bastante comum, principalmente no segmento industrial, que se realizem avaliações que implicam aumentos de custos fixos, com reduções nos custos variáveis, como, por exemplo, a aquisição de máquinas que precisarão de manutenção e serão depreciadas com redução na mão de obra direta. Suponha as situações da Tabela 10.3.

Tabela 10.3 Exemplo de aumento dos custos fixos

Situação	A	B
Vendas (unidades)	5.000	6.000
Receitas de vendas	10.000	12.000
Custos variáveis	7.000	8.200
Custos fixos	2.000	2.300
Lucro	1.000	1.500

GAO = Grau de alavancagem operacional.

> GAO = Percentual de variação nos lucros antes dos impostos/percentual de variação de vendas.

Sempre que a variação percentual do lucro for superior à variação percentual das vendas, existe uma alavancagem operacional.

$$GAO = (0,50/0,20) = 2,5$$

Concluímos que o aumento dos custos fixos foi coberto, vantajosamente, pelos lucros adicionais gerados.

Outra forma de cálculo da alavancagem é apresentada a determinado volume de vendas.

Considerando:
X = unidades vendidas
p = preço de venda unitário
c = custo variável unitário
F = custos fixos

O grau de alavancagem operacional no nível de 5.000 unidades será dado por:

$$GAO = \frac{X(p - v)}{X(p - v) - F}$$

Substituindo X = 5.000, p = 2, v = 1,40 e F = 2.000, temos:

GAO a 5.000 unidades = 5.000 (2 − 1,40)/5.000 (2 − 1,40) − 2.000 = 3,0

As alterações nos custos fixos repercutem diretamente no GAO. Faça uma avaliação do índice considerando uma alteração nos custos fixos, de R$ 2.000 para R$ 2.500, e uma redução nos custos variáveis de R$ 1,40 para R$ 1,20 por unidade, e avalie o novo GAO.

10.3 Custos financeiros na formação de preços

Quando as empresas efetuam vendas e compras a prazo estão alterando os resultados de seus produtos. Os prazos concedidos e recebidos representam margem de contribuição, do ponto de vista gerencial. Para melhor entender esse conceito, suponha que a Indústria Alvinegra tenha a alternativa de vender o produto A, cujo preço de venda é de R$ 6,00, com pagamento à vista ou mediante o prazo de 60 dias.

Em qual das condições comerciais a margem será maior? Por quê?

Intuitivamente, percebemos que a margem para pagamento à vista será maior. A explicação reside no fato de que há um custo financeiro de oportunidade do dinheiro que deve ser considerado no cálculo.

Quando a empresa receber o pagamento à vista, poderá aplicar esse valor em algum ativo financeiro sem risco, como, por exemplo, um fundo de curto prazo ou caderneta de poupança, com determinada remuneração, por exemplo, de 1% ao mês.

Da mesma forma, quando receber os mesmos R$ 6,00, após 60 dias da venda, ela terá perdido a oportunidade de investir o valor durante aquele período de tempo, tendo, portanto, uma perda financeira equivalente.

Financeiramente, podemos calcular esse valor, através da matemática financeira, pelo método do valor presente.

A venda de um produto pode ser explicada através de um fluxo de caixa em que temos a compra dos insumos, sua revenda ou industrialização e posterior venda, a geração de impostos de venda e outros custos variáveis.

Vamos considerar a venda de uma unidade do produto A pelo preço de R$ 6,00 e os respectivos custos variáveis e períodos de tempo em que ocorrem.

V = Venda
F = Fornecedor
C = Comissão de vendas
I = ICMS
P/C = PIS e COFINS
R = Receita de vendas

Cada valor ocorre em datas diferentes, e não podemos simplesmente somá-los sem considerar os custos financeiros derivados dos prazos em que ocorrem.

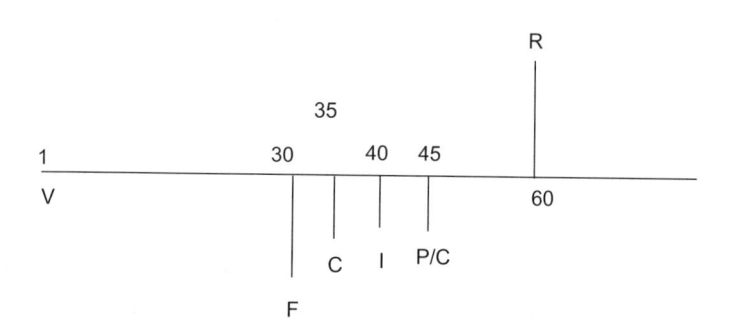

Gráfico 10.2

Para tanto, basta utilizar a equação do valor presente:

$$VP = VF/ (1 + i)^n$$

onde:

VP = Valor presente
VF = Valor futuro
i = Taxa de juros de aplicação do dinheiro (por exemplo = 1% ao mês)
n = Período de tempo decorrido entre a venda e a ocorrência de cada evento

Assim, o valor presente, ou preço à vista, será:

$$VP = 6/(1 + 0,01)^2 = 5,88$$

Consideramos a taxa de 1% ao mês e o prazo de 60 dias.

Essa prática deveria ser estendida a todos os valores. Entretanto, por uma questão de praticidade e relevância, apenas o preço de venda e o custo das matérias-primas deverão ser trazidos ao presente. Caso a negociação envolva um valor considerável, sugiro a avaliação de cada parcela componente do preço de venda.

Da mesma forma, se a empresa precisar calcular o preço a prazo, considerando os custos de oportunidade, deverá utilizar a lógica inversa, identificando o valor futuro, assim:

$$VP = VF/(1 + i)^n$$

ou

$$VF = 6,00 \times (1 + 0,01)^2 = 6,12$$

Estamos introduzindo um novo conceito de margem de contribuição, **real**, que considera os efeitos dos prazos de pagamentos e as avaliações dos números a valor presente como denominador comum dos prazos concedidos e recebidos.

Veja esse efeito em um exemplo prático. Voltemos ao período de elevadas taxas de inflação mensal, por exemplo, com índice de 20% ao mês. Nesse caso, a empresa comercial adquiria um produto para posterior revenda utilizando o preço de compra para a venda, sem agregar margem alguma.

Tabela 10.4

Alíquotas (%)		Dados	
Crédito ICMS	18	Preço de venda	100
Débito ICMS	18	Custo mercadoria	100
Comissão	2	Prazo de venda	0
PIS	0,65	Prazo de compra	30
COFINS	2		
		Custo financeiro mensal 9%)	20
		Fator diário	1,0061

Tabela 10.5

Alíquotas (%)	Dados		
	Nominal	Prazo	Real
Preço de venda	100,00	0	100,00
Mercadoria	−100,00	30	− 83,33
Comissão	−2,00	15	−1,83

(*continua*)

(continuação)

Crédito ICMS	18,00	25	15,46
Débito ICMS	−18,00	25	−15,46
PIS	−0,65	30	−0,54
COFINS	−2,00	25	−1,72
Margem de contribuição	−4,65		12,58
Percentual de margem de contribuição	−4,65		12,58

A margem nominal era, evidentemente, negativa, pois a empresa vendia ao preço de custo e ainda recolhia os impostos devidos (a COFINS tinha alíquota de 2% na ocasião).

Entretanto, a margem efetiva da venda, ou seja, a margem de contribuição real, considerando o efeito dos prazos de pagamento e de recebimento, era de 12,58%, pois a empresa vendia à vista, sem perda financeira, e possuía prazo para pagar o fornecedor e os impostos, a partir da data de emissão da nota fiscal.

Essa mesma venda, realizada nos padrões atuais de custo financeiro, de 1% ao mês, mantidas as premissas de cálculo, exceto para a COFINS, de 3%, acarretaria margem real negativa, evidentemente (Tabelas 10.6 e 10.7).

Tabela 10.6

Alíquotas (%)		Dados	
Crédito ICMS	18	Preço de venda	100
Débito ICMS	18	Custo mercadoria	100
Comissão	2	Prazo de venda	0
PIS	0,65	Prazo de compra	30
COFINS	3		
		Custo financeiro mensal (%)	1
		Fator diário	1,0003

Tabela 10.7

Alíquotas (%)	Dados		
	Nominal	**Prazo**	**Real**
Preço de venda	100,00	0	100,00
Mercadoria	−100,00	30	−99,01
Comissão	−2,00	15	−1,99
Crédito ICMS	18,00	25	17,85
Débito ICMS	−18,00	25	−17,85
Débito PIS	− 0,65	30	−1,63
Débito COFINS	−3	30	−7,60
Margem de contribuição	−5,65		−4,61
Percentual de margem de contribuição	−5,65		−4,61

Como as empresas não têm por objetivo operar com margens reais negativas, haveria necessidade, entre outras práticas, de aumentar o preço para recuperar a margem perdida derivada do custo financeiro. Só por curiosidade, seria necessário aumentar o preço de venda em 26,9% para manter a margem anterior de 12,58%. Vale ressaltar que não consideramos a incidência de Imposto de Renda e CSLL, pois a tributação era completamente diferente na época inicialmente retratada no exemplo.

O mais importante é notar que, apesar da redução do custo financeiro, existem diferenças importantes entre as margens reais e nominais que não podem deixar de ser observadas. Entendo apenas que basta trazer ao valor presente as parcelas mais representativas da composição da margem, ou seja, o preço de venda e os custos dos materiais de revenda ou matérias-primas, deixando de lado essa prática para os demais custos variáveis, sem perdas de conteúdo para a análise.

Essa necessidade será percebida apenas quando envolver a venda de um produto de elevadíssimo valor e em que a concorrência seja muito acirrada, pois os impostos passarão a ter peso significativo no resultado.

10.4 Capital de giro unitário

Conceito essencial na elaboração das políticas comerciais, financeiras e de preços de qualquer empresa, o **capital de giro unitário** de um produto retrata a necessidade de aplicação de recursos referentes aos prazos concedidos, os dias de estoque médio das matérias-primas e produtos acabados, e os prazos concedidos pelos fornecedores.

O capital de giro de um produto é função básica de três parcelas: contas a receber, estoques e contas a pagar.

Exemplificando "contas a receber", as demais parcelas serão de fácil assimilação. Suponha a Alvinegra vendendo uma única unidade, mensalmente, do produto A, cujo preço é R$ 6,00, mediante prazos de venda diferenciados. Se a venda for realizada à vista, temos a receita coincidindo com a entrada em caixa e nenhum valor a receber.

Caixa = R$ 6,00
Contas a receber = Zero

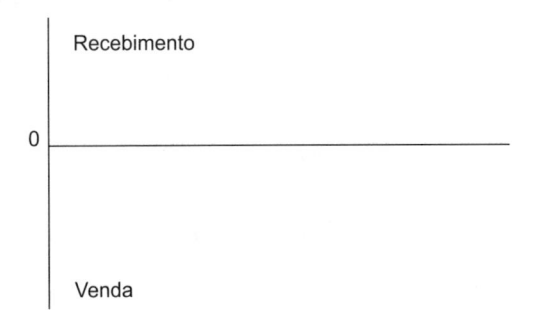

Gráfico 10.3

Se a mesma venda for realizada com um prazo de 30 dias, teremos:

Caixa = Zero
Contas a receber = R$ 6,00

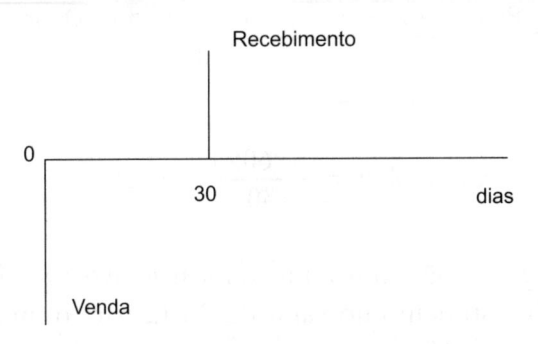

Gráfico 10.4

Imagine agora que a empresa continue vendendo uma unidade por mês, o prazo seja de 60 dias e que teremos, a partir da segunda venda, permanentemente, o valor de R$ 12 a receber:

Caixa = R$ 6,00 (após a terceira venda e o primeiro recebimento)
Contas a receber = R$ 12,00

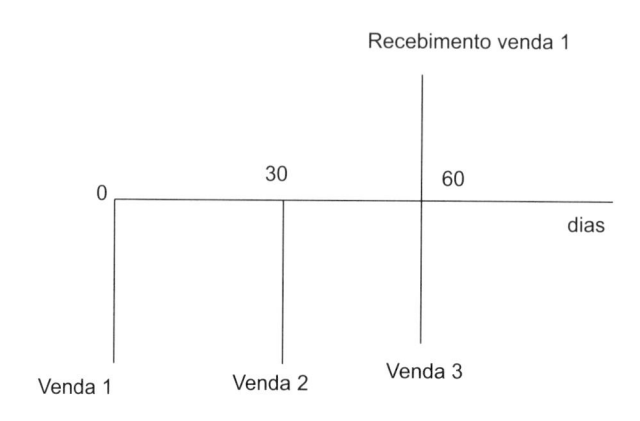

Gráfico 10.5

A cada ampliação do prazo concedido correspondeu um aumento em contas a receber e, portanto, uma necessidade maior de recursos para poder comercializar o produto A. Podemos definir, então, "contas a receber" como resultante da equação:

$$\text{C. Receber} = \frac{\text{Preço de venda} \times \text{Prazo concedido} \times \text{Quantidade mensal}}{30}$$

$$\text{C. Receber} = \frac{6 \times 60 \times 1}{30} = (12)$$

O sinal negativo não indica um valor negativo a receber, mas a notação de um investimento no valor de R$ 12 para o financiamento da venda com prazo de 60 dias.

Repare que, em contas a receber, considera-se o preço de venda, e, portanto, várias parcelas embutidas, como diversos custos e despesas variáveis, além da margem de contribuição. Se pudermos fazer uma separação mais nítida dessas parcelas, teremos uma informação muito mais apurada. Nesse caso específico, teríamos (R$/unidade):

Preço de venda sem IPI	6,00
Custo matéria-prima + embalagem	2,42 (com créditos de ICMS e IPI)
MOD	0,57
Despesas diretas	1,26
Margem de contribuição	1,75

Veja a Tabela 11.6, no Capítulo 11.

Poderíamos separar as parcelas e entender que o investimento em giro é basicamente derivado das parcelas de despesas diretas e da margem de contribuição, pois grande parte do custo direto foi financiada pelos fornecedores, e a mão de obra direta foi paga após determinado período, sendo "financiada" pelos operários.

Temos:

Contas a receber 1 (custos diretos) = $(3,00 \times 60 \times 1)/30 = (6,00)$

Contas a receber 2 (despesas e margem) = $(3,01 \times 60 \times 1)/30 = (6,01)$

Note que, entre as despesas diretas, consideramos os impostos, comissões e fretes.

Nesse caso, os valores são bastante próximos e indicam que, efetivamente, a empresa necessita financiar parte de seu capital de giro com recursos próprios (contas a receber 2) e o restante é financiado por terceiros, fornecedores e MOD (contas a receber 1).

A segunda parcela do capital de giro refere-se ao estoque, que também implica investimento por parte do vendedor. Nesse caso, a base de referência de valor são os dias em que a mercadoria permanece em estoque. No setor industrial é necessário distinguir as diversas categorias de estoque, de matéria-prima, produtos em elaboração e acabados. Creio que uma análise bem criteriosa do estoque de acabados seja suficiente para a análise, desde que não esqueçamos de somar o número de dias em que as matérias-primas permaneçam estocadas.

Reitero que esta é uma análise de cunho gerencial e que, se desejássemos utilizar os números da contabilidade, seria necessário alocar aos custos dos produtos acabados às parcelas referentes aos demais custos diretos e indiretos de fabricação.

No caso da Indústria Alvinegra, considerando 15 dias de estoque de matéria-prima e embalagens, além de 20 dias de estoque de produtos acabados, teríamos:

$$\text{Estoque} = \frac{(\text{custo líquido mat.-prima} + \text{embalagem}) \times \text{dias estoque} \times \text{quantidade mensal}}{30}$$

Assim, podemos calcular o valor investido no estoque, para cada unidade vendida:

$$\text{Estoque} = \frac{(2,43 \times 35 \times 1)}{30} = (2,84)$$

Assim como o prazo concedido, a aplicação de recursos em estoques traduz-se como investimento, recebendo, portanto, sinal negativo.

Até agora, para vender o produto A, a Indústria Alvinegra necessita de R$ 14,86 por unidade, a título de capital de giro. Parte desses recursos será advinda do fornecedor, via prazo concedido em suas vendas. Nesse sentido, contas a pagar terá sinal positivo para a Alvinegra, pois refere-se a recursos investidos por terceiros na empresa, via prazos de pagamento. A outra parcela de giro é fornecida pela mão de obra direta que recebe seu pagamento após a produção realizada.

Contas a pagar matéria prima + embalagem = $(2,43 \times 30 \times 1)/30 = 2,43$ (sem ICMS e IPI).

$$\text{Contas a pagar MOD} = (0,57 \times 15 \times 1)/30 = 0,29$$

Assim, o capital de giro unitário do produto é o seguinte:

CG unitário = (contas a receber) + (estoques) + contas a pagar

CG unitário = (12,01) + (2,84) + 2,43 + 0,29 = (12,12)

Interpretamos esse número como a necessidade de capital de giro unitário para a comercialização do produto A. Como a Alvinegra comercializa 70.000 unidades/mês, o investimento é de R$ 848.400 em capital de giro.

Produtos com capital de giro negativo são tidos como "tomadores de caixa" e os positivos, como "geradores de caixa". A grande maioria dos produtos industriais e comerciais tende a ser tomador de caixa, principalmente em função dos estoques. Creio que ficará mais fácil entender agora por que a grande maioria das empresas busca violentamente a redução de seus níveis de estoques.

Normalmente, os negócios geradores de caixa são típicos de concessões públicas, como empresas de ônibus, operadoras de pedágios, monopolistas ou cartéis, que podem estabelecer mais facilmente suas condições comerciais, sem perdas volumétricas. Alguns pequenos negócios também são geradores, como estacionamentos, serviços de táxis etc.

Os negócios tomadores de caixa precisam ter margens maiores para fazer frente ao investimento necessário em giro. Quando isso não é possível, a atividade pode acarretar riscos mais elevados.

Muitas vezes, as empresas não possuem recursos suficientes para bancar o capital de giro do produto. Vamos verificar o que ocorre quando essa for a verdade. Para tanto, analisemos a formação do preço do produto A, sua margem de contribuição, capital de giro e consequências para o ponto de equilíbrio operacional, considerando que a margem de A seja extensiva aos demais produtos da empresa.

Nesse exemplo, os dados principais a serem notados são (ver planilha **Capital de giro**):

Margem de contribuição real = R$ 1,66
Margem de contribuição real (%) = 28,2%
Custos fixos operacionais mensais = R$ 455.000
Ponto de equilíbrio operacional real = R$ 1.615.263
Capital de giro unitário = (R$ 12,12)

Custo financeiro mensal (%)	1
Dias de estoque matéria-prima e embalagem	15
Dias de estoque produto acabado	20

Tabela 10.8

	%	Valor nominal	Prazo	Valor real
Preço de venda sem IPI		6,00	60	5,88
Matéria-prima sem impostos		(2,24)	30	(2,22)
Embalagem sem impostos		(0,19)	30	(0,18)
MOD		(0,57)	15	(0,57)
Comissão	2	(0,12)		(0,12)
Frete de venda	1	(0,06)		(0,06)
Débito ICMS médio	12	(0,72)		(0,72)
Débito PIS	0,65	(0,04)		(0,04)
Débito COFINS	3	(0,18)		(0,18)
IRPJ/CSLL	2,28	(0,14)		(0,14)
Margem de contribuição		1,75		1,66
Percentual da margem de contribuição		29,14		28,17
Capital de giro unitário				
Contas a receber, custo direto		(5,99)		
Contas a receber, margem e despesas diretas		(6,01)		
Estoques		(2,83)		
Contas a pagar, matéria-prima		2,43		
Contas a pagar, MOD		0,29		
TOTAL		(12,12)		
Custo fixo		455.000		455.000
PEO		561.606		615.263

Suponha agora que a Indústria Alvinegra não possua capital de giro suficiente para aguardar o vencimento da duplicata de venda e necessite descontá-la antecipadamente, mediante desconto bancário de 3% ao mês sobre o valor do título, perfazendo 6% no período (os juros de desconto são simples). Os principais indicadores teriam os seguintes valores:

Margem de contribuição real = R$ 1,42
Margem de contribuição real (%) = 23,58%
Ponto de equilíbrio operacional real = R$ 1.929.262
Capital de giro unitário = (R$ 0,12)

Com a necessidade de tornar o produto gerador de caixa ou ao menos minimizar o elevado capital de giro tomado, a empresa desconta o título antecipadamente, tornando o produto praticamente nulo em termos de geração de caixa. Com o desconto, a margem de contribuição real é reduzida, elevando significativamente o ponto de equilíbrio operacional (19,4 %) em relação à situação anterior. É exatamente isso que ocorre quando uma empresa, pela deficiência de capital de giro, recorre a operações de desconto de cheques ou duplicatas, sem perceber, quantitativamente, os efeitos para os seus resultados finais.

Reveja a estratégia de sobrevivência, pois a mesma tem enorme correlação com essa prática.

Custo financeiro mensal	1
Dias de estoque, matéria-prima	15
Dias de estoque, produto acabado	20
Prazo concedido	60

Tabela 10.9

	%	Valor nominal	Prazo	Valor real
Preço de venda sem IPI		6,00	0	6,00
Matéria-prima sem impostos		(2,24)	30	(2,22)
Embalagem sem impostos		(0,19)	30	(0,18)

(*continua*)

(continuação)

	%	Valor nominal	Prazo	Valor real
MOD		(0,57)	30	(0,56)
Comissão	2	(0,12)		(0,12)
Desconto de duplicata	6	(0,36)		(0,36)
Frete de venda	1	(0,06)		(0,06)
Débito ICMS médio	12	(0,72)		(0,72)
Débito IPI	10	(0,60)		(0,60)
PIS	0,65	(0,04)		(0,04)
Débito COFINS	3	(0,18)		(0,18)
IRPJ/CSLL	2,28	(0,14)		(0,14)
Margem de contribuição		1,39		1,42
Percentual da margem de contribuição		23,14		23,58
Capital de giro unitário				
Contas a receber, custo direto		0,00		
Contas a receber, margem e despesas diretas		0,00		
Estoques		(2,83)		
Contas a pagar, matéria-prima		2,43		
Contas a pagar, MOD		0,29		
TOTAL		(0,12)		
Custo fixo		455.000		455.000
PEO		1.966.575		1.929.262

10.5 Exercícios

1) Calcule o PEO do Exercício 2 do Capítulo 9.

2) Explique por que o custo de aplicação de recursos deve ser utilizado, na formação de preços, também pelas empresas que estejam com o caixa negativo.

3) Por que o PEO nominal não indica a melhor "fotografia" da situação da empresa?

4) Explique o conceito e dê exemplos de produtos e serviços geradores de caixa.

5) Explique o conceito e dê exemplos de produtos e serviços tomadores de caixa.

6) Calcule o capital de giro nas situações da tabela a seguir e indique se o produto é gerador ou tomador de caixa.

	A	B
Preço de venda (R$)	100	200
Prazo de venda (dias)	30	5
Custo mercadoria (R$)	50	120
Prazo do fornecedor (dias)	60	45
Estoque médio (dias)	45	15

Impostos e demais custos variáveis: 20% do preço de venda.

11

Modelos de formação de preços

Neste capítulo, mostraremos as lógicas básicas da formação de preços, utilizando exemplos industriais, comerciais e de serviços, que podem ser aproveitados em situações específicas de empresas. A base de cálculo será a margem de contribuição real, considerando a atual carga tributária e o custo financeiro de 1% ao mês. Além disso, consideraremos que os exemplos são de empresas enquadradas no regime do lucro presumido.

11.1 Comércio

A formação de preços na atividade comercial é, normalmente, bastante simples, pois envolve poucas variáveis, de fácil coleta de dados. Assim, vamos mostrar exemplos mais complexos que embutem as situações mais simples, introduzindo algumas variáveis de difícil avaliação.

Uma das análises mais complexas envolve a avaliação do ganho financeiro proveniente dos parcelamentos de vendas. O exemplo a seguir envolve uma venda de eletrodoméstico financiada com recursos próprios do lojista, no qual iremos dimensionar os ganhos comerciais e financeiros, identificando se a negociação é viável apenas pelo ganho financeiro.

Inúmeras vezes nos deparamos com promoções de vendas que exploram a mensagem de que as vendas são feitas em parcelas iguais, sem juros. Evidentemente, na maioria dos casos, os juros estão embutidos nas prestações, como veremos.

Uma loja vende um televisor por R$ 1.000 em seis parcelas iguais de R$ 166,67, computando juros nominais, no parcelamento, de 6% ao mês. Seu objetivo é avaliar a margem de contribuição operacional, sem o ganho financeiro do parcelamento, e a margem de contribuição total que considera esse ganho.

Ver planilha **Preços comerciais**, pasta **Financiamento**.

Tabela 11.1 Exemplo para calcular a margem de contribuição operacional

Alíquotas (%)		Dados	
IPI na compra	5	Preço de venda	1.000
Crédito ICMS	17	Custo da mercadoria	750,00
Débito ICMS	17	Frete de compra (%)	2,00
Comissão de vendas	3,00	Prazo médio de venda	105
PIS	0,65	Prazo de compra	60
COFINS	3	Dias de estoque	15
Financiamento ao mês	6	Custo financeiro mensal (%)	1,00
Parcelas de financiamento IRPJ/CSLL 2,28%	6	Fator diário	1,0003

Tabela 11.2

	Nominal	Prazo	Real
Preço de venda	1.000	105	1.000
Ganho financeiro	125,81		125,81
Matéria-prima	(750,00)	60	(735,22)
Frete de compra	(15,00)		(15,00)
Crédito ICMS	123,98		123,98
Débito ICMS	(170,00)		(170,00)
Comissão de vendas	(30,00)		(30,00)
PIS	(6,50)		(6,50)
Cofins	(30,00)		(30,00)

(continua)

(continuação)

	Nominal	Prazo	Real
IRPJ/CSLL	(22,80)		(22,80)
Margem de contribuição operacional	99,68		114,46
Margem de contribuição total	225,49		240,27
Margem de contribuição operacional (%)	10		11,4
Margem de contribuição total (%)	22,5		24,0
Capital de giro unitário			
Contas a receber, custos variáveis	(2.631)		
Contas a receber, margem de contribuição	(869)		
Estoques	(375)		
Contas a pagar	1.500		
TOTAL	(2.375)		

Observamos que a margem operacional real é de 11,4%, compatível com a atividade varejista de eletrodomésticos, com elevadíssima concorrência.

Na verdade, a lucratividade é bastante ampliada pela remuneração financeira, pois a empresa financia o cliente em seis parcelas, com juros embutidos de 6% ao mês, gerando um ganho financeiro adicional à taxa de aplicação normal, de 1% ao mês, de R$ 125,81, que contribuirá para a ampliação da margem total do produto para 24%.

Notamos que a concessão do financiamento implica elevadas "contas a receber" e um produto totalmente tomador de caixa. Além disso, a parcela de contas a receber, derivada dos custos variáveis, está completamente "descasada" do prazo concedido pelo fornecedor, indicando que a empresa, além de financiar o cliente, necessita pagar todos os impostos e demais custos variáveis, com bastante antecedência em relação aos recebimentos da venda.

Evidentemente, consideramos que o financiamento está sendo concedido com recursos próprios do comerciante.

O segundo exemplo retrata a venda do mesmo televisor, mediante pagamento por cartão de crédito e preço igualmente de R$ 1.000. A empresa, que não possui capital de giro suficiente, deverá resgatar antecipadamente o valor da venda, antecipando o recebimento com a administradora do cartão de crédito mediante o pagamento de uma taxa de 3% ao mês sobre o valor antecipado de cada parcela. Além disso, repare que a empresa comercializa 40% de suas vendas com cartão e a taxa da administradora é de 4%.

Ver planilha **Preços comerciais**, pasta **Cartão**.

Tabela 11.3

Alíquotas (%)		Dados	
IPI na compra	5	Preço de venda	1.000
Crédito ICMS	17	Custo da mercadoria	750
Débito ICMS	17	Prazo médio de venda por cartão	60
Comissão de vendas	3,00	Prazo de compra da matéria-prima	60
Administração do cartão de crédito	4,00	Dias de estoque	15
Faturamento do cartão de crédito	40		
Antecipação cartão de crédito ao mês	3,00		
PIS	0,65		
COFINS	3		
IRPJ/CSLL	2,28	Custo financeiro mensal (%)	1,00
Frete de compra	2,00	Fator diário	1,0003

Tabela 11.4

	Nominal	Prazo	Real
Preço de venda	1.000	0	1.000
Matéria-prima	(750,00)	60	(735,22)
Frete de compra	(15,00)		(15,00)
Crédito ICMS	123,98		123,98
Débito ICMS	(170,00)		(170,00)
Comissão de vendas	(30,00)		(30,00)
Custo da administradora do cartão	(16,00)		(16,00)
Antecipação do cartão de crédito	(24,00)		(24,00)
PIS	(6,50)		(6,50)
Cofins	(30,00)		(30,00)
IRPJ/CSLL	(22,80)		(22,80)
Margem de contribuição	59,68		74,46
Margem de contribuição (%)	6		7,4
Capital de giro unitário			
Contas a receber, custos variáveis	0		
Contas a receber, margem de contribuição	0		
Estoques	(375)		
Contas a pagar	1.500		
TOTAL	1.125		

A margem de contribuição sofreu enorme redução em relação à situação anterior. O capital de giro passa a ser positivo porque a empresa antecipa o recebimento do valor total, junto à administradora do cartão, zerando "contas a receber".

Na verdade, essa é uma opção bastante comum nas empresas pouco capitalizadas, que não podem financiar seus clientes com recursos próprios, e precisam gerar capital de giro para prosseguir em suas atividades.

11.2 Indústria

Assim como no comércio, as metodologias de formação de preços são bastante simples, sendo que a maior complexidade é definir o peso de cada matéria-prima na fórmula do produto acabado, assim como o valor da mão de obra direta envolvida em cada produto.

Um exemplo prático favorecerá a análise.

Voltando à Indústria Alvinegra, vamos considerar a análise da margem de contribuição do produto A.

Os custos totais periódicos obtidos são os da Tabela 11.5 (mil R$).

Ver planilha **Preço industrial**.

Tabela 11.5 Custos totais periódicos obtidos

Produto	A	B	C	D	Total
Matérias-primas	157	150	142	184	633
Embalagens	13	21	10	12	56
Mão de obra direta	40	99	28	34	201
Total	210	270	180	230	890
Produção mensal (mil unidades)	70	60	45	50	225

Tabela 11.6

Custos unitários (R$/peça)	Produto A	
Matérias-primas	2,24	(com créditos de ICMS e IPI)
Embalagens	0,19	
Mão de obra direta	0,57	
Total	3,00	

Consolidando os dados e considerando as matérias-primas hipotéticas e suas composições na formulação do produto acabado, temos a Tabela 11.7.

Repare que consideramos os valores das matérias-primas já com os créditos de ICMS e IPI respectivos. Consideramos o débito do ICMS de 12% como um valor ponderado dos diversos destinos da mercadoria. Além disso, o preço e todos os impostos sobre o preço foram calculados sem IPI, mesmo porque é calculado externamente ao preço e não faz parte da base de cálculo dos impostos.

O capital de giro foi obtido e explicado no capítulo anterior.

Como fato normal, temos um produto tomador de caixa, situação comum no segmento industrial.

Tabela 11.7 Exemplo: indústria

Produto A			
Matérias-primas	**Unidade**	**Consumo unitário**	**Custo (R$) C/IPI e ICMS**
A	kg	0,59	1,3
B	kg	0,50	0,35
C	pc.	0,50	0,94
D	kg	0,5	0,5
E	pc.	1	0,58
Total matéria-prima			2,24
Embalagem	un.	1	0,19

Impostos	%	Comissão		2%
ICMS	12	Frete de venda		1%
PIS	0,65	MOD		0,57
COFINS	3	Dias estoque		35
IRPJ/CSLL	2,28			
IPI	10			
		Custo financeiro mensal (%)		1
		Fator diário		1,0003

Tabela 11.8

	Cálculo da margem de contribuição (R$)		
	Nominal	**Prazo**	**Real**
Preço sem IPI	6,00	60	5,88
Matéria-prima	(2,24)	30	(2,22)
Embalagem	(0,19)	30	(0,18)
Comissão	(0,12)		(0,12)

(continua)

(*continuação*)

MOD	(0,57)	15	(0,57)
Débito ICMS	(0,72)		(0,72)
Frete de venda	(0,06)		(0,06)
PIS	(0,04)		(0,04)
COFINS	(0,18)		(0,18)
IRPJ/CSLL	(0,14)		(0,14)
Margem de contribuição	**1,75**		**1,66**
Margem de contribuição (%)	**29,14**		**28,17**
Capital de giro unitário			
Contas a receber, custo direto		(5,99)	
Contas a receber, margem e despesas diretas		(6,01)	
Estoques		(2,83)	
Contas a pagar, matéria-prima e embalagem (sem ICMS e IPI)		2,43	
Contas a pagar MOD		0,29	
TOTAL		(12,12)	

11.3 Prestação de serviços

Sem dúvida, a formação de preços nas atividades de prestação de serviços é de difícil execução. Diferentemente das atividades comercial e industrial, a lógica do serviço prestado não é tão óbvia. Imagine, por exemplo, o serviço de coleta de lixo industrial em um grande município. Inúmeros fatores podem ser computados na formação de preços, como a mão de obra direta utilizada, a despesa direta dos veículos, a depreciação dos contêineres de coleta, as diferentes rotas e respectivos consumos de combustível, as taxas de aterro do lixo, os impostos etc.

O modelo utilizado para essa atividade certamente não será válido para a avaliação de um centro de treinamento empresarial ou uma empresa locadora de equipamentos etc.

Não há um padrão único a ser seguido. Entretanto, deveremos continuar perseguindo a identificação dos custos variáveis associados ao tipo de atividade exercida, adotando o critério da margem de contribuição.

Evidentemente, as margens tendem a ser altas, mesmo porque a maior parcela de custos é de natureza fixa. Um problema particular é identificar o tempo despendido pela mão de obra a cada serviço prestado, alocando-a corretamente como custos variáveis na proporção efetivamente utilizada no serviço analisado e como custos fixos no restante do tempo não consumido produtivamente.

Creio que a melhor solução seja considerar a mão de obra como custos fixos, para efeito orçamentário e de avaliação do ponto de equilíbrio, independentemente de suas utilizações produtivas em serviços prestados aos clientes. Entretanto, na formação de preços de venda, é imprescindível que essa mesma mão de obra seja considerada custo variável, reduzindo a margem de contribuição.

A Tabela 11.9 mostra um exemplo típico da atividade de serviços (ver planilha **Preço serviços**).

Custo financeiro mensal (%)	1
Fator diário	1,0003
Prazo de venda	30

Tabela 11.9 Exemplo de atividade de serviços

	%	Nominal	Prazo	Real
Preço de venda		100,00	30	99,01
Matéria-prima		0,00	0	0,00
MOD		(25,00)	15	(24,88)
Comissão	8	(8,00)		(8,00)
Desconto de cheque	0	0,00		0,00
Custo cartão de crédito	0	0,00		0,00
ISS	5	(5,00)		(5,00)
PIS	0,65	(0,65)		(0,65)
COFINS	3	(3,00)		(3,00)
IRPJ	4,8	(4,80)		(4,80)
CSLL	2,88	(2,88)		(2,88)
Margem de contribuição		50,67		49,80

(continua)

(continuação)

	%	Nominal	Prazo	Real
Margem de contribuição (%)		50,67		50,30
Capital de giro unitário				
Contas a receber, custos variáveis		(49,33)		
Contas a receber, margem		(50,67)		
Contas a pagar		12,50		
TOTAL		(87,50)		

Destacamos, apenas como exemplo, que consideramos a empresa enquadrada no regime do lucro presumido, computando o Imposto de Renda e a Contribuição Social sobre o Lucro, de acordo com o faturamento, ou preço de venda. Nas demais atividades anteriores, o regime era de lucro real, em que os impostos apurados pelo lucro final do exercício não incidiam diretamente sobre os preços de venda.

O capital de giro unitário é francamente negativo, mas cuidado com a interpretação, pois grande parte do valor é proveniente de "contas a receber" da parcela "margem de contribuição". Esse fato é comum nos serviços, em função das elevadas margens auferidas no segmento.

11.4 Produtos ou serviços com longo prazo de maturação

Encontramos uma dificuldade especial quando é necessário estabelecer o preço de um produto ou serviço que depende de investimentos em sua fase de desenvolvimento e que somente passará a gerar receitas após determinado período de tempo.

A maioria dos novos produtos industriais tem essa configuração e deve passar por análise criteriosa de lançamento. *Softwares*, livros, empreendimentos de construção civil, todos têm esse mesmo perfil.

Vamos tomar como exemplo um novo *software* que uma empresa do setor esteja desenvolvendo. Durante alguns meses, a empresa arcará com custos de programação, desenvolvimento, pesquisa, embalagem, promoção etc. Essas despesas ocorrerão em momentos diferentes, e a realização desses gastos implica um custo de oportunidade do dinheiro não aplicado.

Considerando esse exemplo e quantificando as diversas etapas, teríamos, hipoteticamente, no desenvolvimento de um novo *software,* os dados da Tabela 11.10.

Tabela 11.10 Etapas

Data	Fato	Gasto (mil R$)
Mês 1	Programação	30
Mês 2	Programação	30
Mês 3	Programação	40
Mês 4	Programação	40
Mês 5	Embalagens	70
Mês 6	Acessórios	30
Mês 7	Lançamento	80
Mês 8	Margem de contribuição	66
Mês 9 a mês 20	Margem de contribuição	53

Ver planilha **Preços com investimentos** (p. 198 e 199).

Repare que a primeira venda será realizada após oito meses do primeiro gasto incorrido. A análise do preço a ser praticado deve ser feita *a priori*, antes do lançamento do *software*, e a metodologia a ser utilizada é o valor presente líquido do fluxo de caixa gerado.

Nesse exemplo, a empresa obterá, caso as premissas se confirmem, o valor presente líquido de R$ 31.183, considerando-se que a taxa de desconto utilizada foi de 2% ao mês. Além disso, calcula-se a taxa interna de retorno do empreendimento, orçada em 4,35% ao mês. Esse valor deve ser comparado a outras alternativas de investimento da empresa e, caso seja satisfatório, deverá corroborar a prática de preços prevista.

A empresa estima vender determinada quantidade mensal de *softwares*, a preço estipulado em R$ 350 por cópia. Caso o resultado não seja o objetivado, todas as premissas atuais devem ser reanalisadas até o momento em que se atingir, se possível, o VPL ou a TIR desejada.

Como se vê, a margem de contribuição é pontual e considerada no fluxo de caixa. Entretanto, todas as parcelas anteriores ao evento inicial de vendas são elencadas e avaliadas no cálculo. Podemos depreender,

Preços com Investimentos

Mês	1	2	3	4	5	6	7	8	9	10	11
quantidade estimada	0	0	0	0	0	0	0	150	120	120	120
preço de venda								350	350	350	350
receita prevista								52.500	42.000	42.000	42.00
custos variáveis (25% da receita)								(13.125)	(10.500)	(10.500)	(10.50
margem de contribuição								39.375	31.500	31.500	31.50
custos fixos associados	(2.000)	(2.000)	(2.000)	(2.000)	(2.000)	(2.000)	(2.000)	(2.000)	(4.000)	(4.000)	(4.000
Investimentos	(10.000)	(10.000)	(10.000)	(10.000)	(30.000)	(5.000)	(30.000)	0	(40.000)	0	0
Programação	(10.000)	(10.000)	(10.000)	(10.000)							
Embalagem					(30.000)				(30.000)		
Acessórios						(5.000)			(10.000)		
Lançamento							(30.000)				
Lucro Antes dos impostos	(12.000)	(12.000)	(12.000)	(12.000)	(32.000)	(7.000)	(32.000)	37.375	(12.500)	27.500	27.50
IRPJ + CSLL	0	0	0	0	0	0	0	(12.708)	0	(9.350)	(9.35
Fluxo de caixa após os impostos	(12.000)	(12.000)	(12.000)	(12.000)	(32.000)	(7.000)	(32.000)	24.668	(12.500)	18.150	18.15
VPL	R$ 31.183										
Taxa para VPL (% ao mês)	2%										
TIR (% mensal)	4,35%										

finalmente, que a empresa poderá operar com margem de contribuição de 75% sobre a receita, atingindo seus objetivos.

Essa mesma lógica deve ser seguida em produtos industriais que requerem elevados investimentos de desenvolvimento e lançamento.

Em todos os exemplos, o preço foi dado como uma variável já estabelecida a partir do valor do mercado, por exemplo. Entretanto, em algumas ocasiões, as empresas desejam saber como calculá-los, a partir da margem de contribuição estipulada.

2	13	14	15	16	17	18	19	20	21	22	23	24
20	120	120	120	120	120	120	120	120	120	120	120	120
50	350	350	350	350	350	350	350	350	350	350	350	350
000	42.000	42.000	42.000	42.000	42.000	42.000	42.000	42.000	42.000	42.000	42.000	42.000
500)	(10.500)	(10.500)	(10.500)	(10.500)	(10.500)	(10.500)	(10.500)	(10.500)	(10.500)	(10.500)	(10.500)	(10.500)
500	31.500	31.500	31.500	31.500	31.500	31.500	31.500	31.500	31.500	31.500	31.500	31.500
00)	(4.000)	(4.000)	(4.000)	(4.000)	(4.000)	(4.000)	(4.000)	(4.000)	(4.000)	(4.000)	(4.000)	(4.000)
)	(40.000)	0	0	0	(40.000)	0	0	0	(40.000)	0	0	0
	(30.000)				(30.000)				(30.000)			
	(10.000)				(10.000)				(10.000)			
500)	(12.500)	27.500	27.500	27.500	(12.500)	27.500	27.500	27.500	(12.500)	27.500	27.500	27.500
50)	0	(9.350)	(9.350)	(9.350)	0	(9.350)	(9.350)	(9.350)	0	(9.350)	(9.350)	(9.350)
50	(12.500)	18.150	18.150	18.150	(12.500)	18.150	18.150	18.150	(12.500)	18.150	18.150	18.150

Nesse caso:

$$\% MC = (pv - cv)/pv$$

Supondo que tenhamos definido a margem em 20%, teremos:

$$0{,}20\,pv = pv - cv$$

Se estivermos analisando um produto no comércio e seus custos variáveis forem estes:

Material de revenda: 50
Débito ICMS = 17%
Crédito do ICMS = 12%
PIS/COFINS: 3,65%
IRPJ e CSLL = 2,28%
Comissão de vendas: 3%
Custo ponderado da administradora do cartão de crédito: 3%

teremos:

$$0,20 \ pv = pv - \{[(50 - (50 \times 12\%))] + [\ pv \times (0,17 + 0,0365 + 0,0228 + 0,03 + 0,03)]\}$$

pv = 86,16

Nesse caso, não consideramos os efeitos dos prazos de pagamento. Para tanto, basta calcular o custo real do material de revenda, de acordo com o prazo de pagamento do fornecedor, e apurar o preço de venda a partir do custo financeiro de oportunidade e do prazo de pagamento proposto.

Por exemplo, se a venda for realizada com prazo médio de 60 dias e o custo financeiro for de 1% ao mês, o preço de venda será:

$$pv \ (60 \ dias) = 86,16 \times (1 + 0,01)^2 = 87,89$$

11.5 Exercícios

1) Suponha as três empresas localizadas no Rio de Janeiro e considere os dados da tabela a seguir.

Atividade	Comércio	Indústria	Serviços
Preço de venda (R$)	100	100	100
Custo matéria-prima (R$)	60	30	–
MOD (R$/unidade)	0	5	25
Comissão de venda	5%	2%	8%
Custo da administração do cartão de crédito	5%		
Faturamento com cartão de crédito	40%	0	0
Regime IR/CSSL	Presumido	Real	Presumido
Origem da matéria-prima	RJ	SP	–
Destino do produto final	RJ	RJ	–
Prazo de venda (dias)	60	30	30
Prazo de compra (dias)	30	30	15
Estoque (dias)	30	45	–
IPI (venda e compra)	–	10	–
Custo fixo mensal R$	50.000	1.000.000	100.000

Calcule:

a) A margem de contribuição nominal.

b) A margem de contribuição real, considerando o custo financeiro de 1% ao mês.

c) O capital de giro unitário do produto.

d) Considerando a margem do produto como representativa da média geral da empresa, calcule o ponto de equilíbrio operacional.

e) O *mark-up* de custo.

f) Refaça a análise completa da empresa comercial, considerando o desconto do cheque numa *factoring* com custo de 4% ao mês, juros simples.

Utilize a planilha **Exercício** do Capítulo 11, preenchendo os dados conforme solicitados:

2) Utilizando a planilha **Preços com investimentos**, defina o preço de venda necessário, no mês de lançamento do produto, para obtenção de uma taxa interna de retorno mensal de 5%. Analise a lógica da planilha e procure utilizar a ferramenta do Excel, Atingir Metas.

3) Utilizando a planilha **Preços comerciais**, pasta **Financiamento**, verifique o efeito para a margem total, quando houver uma redução no número de parcelas do financiamento (célula B12).

4) Utilizando a planilha **Preços comerciais**, pasta **Cartão**, verifique o efeito para a margem total e para o capital de giro quando a empresa abandonar a antecipação do cartão de crédito. Altere a célula b9 para zero.

12

Indicadores de resultados e de desempenho

Como mencionamos desde o início deste livro, a política de preços de uma empresa deve estar voltada para a obtenção de uma série de resultados mercadológicos e financeiros.

Do ponto de vista financeiro, já estudamos os indicadores de resultado dos produtos e serviços isoladamente. Entretanto, é fundamental avaliar se a política de preços e estratégias de cada linha remunera convenientemente os acionistas e investidores.

Existem alguns indicadores de desempenho utilizados para tal fim. Alguns são universais, empregados há muitos anos e válidos para a grande maioria dos negócios. Basicamente, a **rentabilidade sobre o patrimônio líquido** é o indicador mais utilizado nas avaliações empresariais. Podemos ainda citar a **lucratividade, rentabilidade sobre investimentos (ROI)** e o **retorno sobre ativos (ROA)** como indicadores bastante utilizados.

Recentemente, dois novos indicadores surgiram e estão sendo empregados com bastante ênfase, principalmente nas empresas de grande porte. Trata-se do *Economic Value Added* (**EVA**) e do *Earnings Before Interest, Taxes, Depreciation and Amortization* (**EBITDA**).

Enquanto a rentabilidade sobre o patrimônio líquido mede o resultado, pontualmente, dos números obtidos em determinado período, o EVA avalia a capacidade de a empresa gerar valor para os acionistas, e o EBITDA avalia a empresa por sua geração de caixa operacional. São avaliações distintas que se complementam. Certamente, a análise de apenas um dos indicadores, isoladamente, não permite uma avaliação completa da empresa. Assim, uma visão conjugada dos indicadores é bastante interessante para a avaliação geral do negócio e para tomadas de decisão.

12.1 Retorno sobre o patrimônio líquido

Avaliador de desempenho mais utilizado mundialmente e que serve de parâmetro para comparação entre empresas, segmentos ou instrumento de identificação de oportunidades de investimento, o retorno sobre o patrimônio líquido mede a capacidade de a empresa remunerar o capital empregado pelos acionistas. É também denominado **ROE** (*Return on Equity*).

Ao investir numa empresa, o capitalista deve ter avaliado outras alternativas e identificado aquela que maximizará o valor empregado. Para entender melhor esse e os demais indicadores, vamos esboçar os demonstrativos financeiros básicos da Indústria Alvinegra, ao longo do ano 2009. O balanço e os indicadores a serem vistos no decorrer deste capítulo podem ser observados e interpretados através da Tabela 12.1 (ver planilha **Balanço,** pastas **Balanço** e **Indicadores**).

Tabela 12.1 Balanço patrimonial em 31/12/2009

Ativo		Passivo	
Ativo circulante	9.007.187	Circulante	5.985.700
Caixa	207.187	Fornecedores	495.700
Banco	2.800.000	Encargos sociais	85.000
Estoque	2.350.000	Juros a pagar	5.000
Clientes	3.650.000	Impostos a pagar	3.700.000
		Empréstimos bancários	1.700.000
Ativo permanente	10.516.000	Patr. líquido	15.037.487
Máquinas e equipamentos	9.000.000	Capital	13.000.000
Imóveis	2.500.000	Lucros suspensos	2.037.487
Móveis/utensílios	820.000		

(*continua*)

(continuação)

Ativo		Passivo	
Veículos	200.000		
Depreciação acumulada	(2.004.000)		
Ativo diferido	1.500.000		
Pesquisa e desenvolvimento	1.500.000		
TOTAL	21.023.187	TOTAL	21.023.187

Demonstrativo de resultados em 31/12/2009

Receita bruta	21.606.000
(–) Custo das mercadorias vendidas	(13.980.000)
(–) Impostos	(2.376.660)
Lucro bruto	5.249.340
DESPESAS OPERACIONAIS	(2.000.739)
Administrativas	(600.000)
Vendas	(432.120)
Tributárias	(788.619)
Depreciação	(180.000)
DESPESAS FINANCEIRAS	(161.500)
CPMF	(60.000)
Juros bancários	(65.000)
Diversos	(36.500)
LUCRO ANTES IR E CSLL	3.087.101
(–) PROVISÃO IR E CSLL	(1.049.614)
LUCRO LÍQUIDO	2.037.487

A rentabilidade sobre o patrimônio líquido, no período encerrado em 31/12/2009, é de 15,7%, apurado pela divisão do lucro líquido (R$ 2.037.487), pelo patrimônio líquido antes do lucro anual (R$ 13.000.000). Em assembleia de acionistas, será definido o destino dos lucros e, provavelmente, uma parte será destinada aos sócios e o restante reinvestido na atividade. Esse valor reinvestido deverá ser anexado ao capital social anterior, de tal maneira que os lucros em 2010 serão comparados ao novo patrimônio líquido. Esse é um processo contínuo.

O valor obtido, de 15,7%, deve ser comparado ao mesmo indicador de outras empresas do segmento econômico para avaliar o desempenho da Alvinegra. Como vimos no capítulo inicial deste livro, a rentabilidade média das mil maiores empresas brasileiras tem se situado na faixa de 15% ao ano, o que indicaria, em relação à media geral, um bom resultado. Essa análise não é suficiente, pois o índice deverá ser comparado às demais empresas do setor e a outras possibilidades de investimento de que a empresa disponha.

12.2 Lucratividade líquida

Indicador importante na comparação entre empresas, a lucratividade líquida é medida pela divisão do lucro líquido sobre a receita bruta da empresa (exceto a parcela de IPI).

A simples mensuração da lucratividade não permite maiores conclusões gerenciais, visto que é fundamental avaliar o capital empregado para a obtenção dessa lucratividade. É um poderoso instrumento de análise quando se conhecem os números dos demais concorrentes.

No caso da Indústria Alvinegra, a lucratividade, que é de 9,43%, deve ser comparada à das demais empresas concorrentes. Suponha que esse índice médio seja de 10%. Quais as conclusões possíveis, ou melhor, quais as perguntas a serem respondidas pela gerência da Alvinegra?

Primeiramente, os preços de venda estão proporcionais aos valores percebidos pelo mercado em relação aos nossos produtos ou temos espaço para melhorá-los? Se as matérias-primas que utilizamos forem comuns a outras empresas, estamos efetivamente adquirindo-as a preços normais ou não estamos utilizando nosso poder de barganha nas compras? Nosso *mix* de vendas é similar ao dos concorrentes ou estamos vendendo em maior proporção os produtos com menor margem de contribuição? Os nossos custos operacionais, normalmente de natureza fixa, são compatíveis com nosso negócio ou algumas atividades desenvolvidas são desnecessárias, ou têm baixa geração de valor para o consumidor?

Enfim, poderíamos arrolar um número enorme de questionamentos que necessitam de melhor apuração, pois, a partir do índice de lucratividade particular e setorial, identificamos que nossa empresa está aquém dos números médios da atividade.

12.3 ROI (Retorno sobre Investimentos)

O *Return on Investment* (**ROI**) representa a divisão entre o lucro líquido e o capital total investido. Na sua versão mais simples, pode ser calculado através da divisão do lucro líquido pelo ativo total, obtendo-se o **retorno sobre ativos**, ou *Return on Assets* (**ROA**). Assim, temos:

ROI = ROA = lucro líquido/ativo total

Algumas críticas são feitas a esse método, entre elas a de que considera as despesas com capital de terceiros (juros) um componente do numerador e desconhece o custo de capital próprio na equação.

Outra colocação negativa é que desconhece a influência da idade dos ativos, possibilitando que empresas com ativos mais antigos, portanto já depreciados, estabeleçam índices superiores.

No exemplo da Alvinegra, temos o ROA de 9,69%.

Esse indicador não permite maiores comparações, pois não é estabelecido a partir de clara separação da estrutura de capital da empresa, impossibilitando avaliações de retorno sobre o capital próprio ou o dimensionamento de riscos na atividade.

Para minorar parte das críticas, podemos calcular o **retorno operacional sobre o investimento**, desconsiderando as despesas financeiras sobre o capital de terceiros e permitindo, assim, um equilíbrio metodológico, pois não consideramos o custo de oportunidade do capital próprio. Para obtê-lo, devemos expurgar as despesas financeiras incluídas no demonstrativo de resultados, obtendo o lucro operacional. Podemos, assim, comparar a rentabilidade gerada pelos ativos totais da empresa, independentemente de suas fontes de financiamento, próprias ou externas.

A Indústria Alvinegra obteve 10% de retorno operacional sobre o investimento.

12.4 EBITDA

Cada vez mais intensamente, as análises gerenciais das empresas são baseadas em sua capacidade de geração de caixa. Empresas com elevado potencial de geração de caixa são vistas como geradoras de valor para os acionistas. Essa proposta consiste em expurgar da análise os itens que não são associados a movimentações de caixa, como os juros, que significam falta ou excesso de recursos, ou as amortizações e depreciações, também não representativas do caixa operacional.

O **EBITDA** (lucro antes dos juros, impostos, depreciações e amortizações) traduz a capacidade de geração de resultados operacionais da empresa, eliminando da análise as parcelas não diretamente vinculadas às atividades operacionais. É normalmente utilizado nas avaliações de fusão ou aquisição de empresas, pois permite identificar a capacidade de geração de caixa, instrumento fundamental de decisão. Você talvez já tenha ouvido essa expressão ou a sua tradução: **LAJIDA**.

Observe que:

* Os juros são resultantes de empréstimos bancários para a aquisição de ativos permanentes ou de regularização do fluxo de caixa;
* Os impostos são, basicamente, relacionados aos resultados finais da empresa;
* A depreciação está associada à utilização acumulada dos ativos permanentes, sem imediato impacto no caixa da empresa, mas com efeito nos lucros líquidos periódicos;
* As amortizações são correlacionadas aos empréstimos bancários já mencionados, que fazem parte do passivo da empresa e que, à medida que são pagos, geram os juros, redutores dos resultados finais.

Um quadro-resumo apresenta o cálculo do EBITDA:

Receitas líquidas de vendas:
(–) Custos das vendas
(–) Despesas operacionais
(=) Lucro antes dos juros e tributos sobre o lucro
(+) Ajuste das despesas operacionais que não geram saída de caixa
(=) Lucro antes dos juros, tributos sobre o lucro, depreciação e amortização (EBITDA)

No caso da Indústria Alvinegra, teremos (R$):

Receitas líquidas de vendas	19.229.340
(–) Custos das vendas	(13.980.000)
(–) Despesas operacionais	(2.000.739)
(=) Lucro antes dos juros e tributos sobre o lucro	3.248.601
(+) Ajuste das despesas operacionais que não geram saída de caixa (depreciação)	180.000
(=) (EBITDA)	3.428.601

A Indústria Alvinegra conseguiu gerar durante o ano um lucro operacional medido exclusivamente pelo caixa de R$ 3.428.601, o que demonstra sua elevada viabilidade.

A Alvinegra obteve uma margem EBITDA de 17,8% (EBITDA/receitas líquidas de vendas). Só para efeito comparativo, as mil maiores empresas do Brasil, exceto financeiras, obtiveram, em 2009, a margem EBITDA de 19,2% (fonte: *Valor 1000*).

Essa análise é particularmente interessante em empresas com lucros totais negativos mas com elevadas cargas de despesas financeiras, de depreciação ou em atividades de capital intensivo e que requerem elevados investimentos em ativos permanentes.

12.5 EVA

O **EVA** (*Economic Value Added*) ou **VEA** (**valor econômico agregado**) representa uma medida de desempenho financeiro que calcula o valor residual de uma empresa quando se deduz dos lucros operacionais o custo de capital próprio.

Enquanto os indicadores de desempenho tradicionais preocupam-se em quantificar os lucros a partir dos demonstrativos contábeis, o EVA avalia se o capital investido pelos sócios está se multiplicando ou se a empresa está destruindo valor. A preocupação agora é com a perpetuidade dos negócios e se o capital está sendo investido em atividades geradoras de valor econômico.

É calculado por uma das seguintes fórmulas:

> EVA = lucro operacional líquido após os impostos – custo de capital

ou

> EVA = (retorno sobre o capital investido –
> custo do capital investido) × capital investido

Trata-se de um mecanismo de aferição de resultados gerados para os acionistas das empresas, desenvolvido pela consultoria americana Stern Stewart.

Quando analisamos uma empresa, não basta verificar o lucro, pois a remuneração sobre o capital investido pelos acionistas não é explicitada em nenhum demonstrativo contábil.

Investidores e acionistas habituaram-se a analisar o desempenho de uma empresa observando apenas o lucro ou o prejuízo. Na abordagem financeira atual, essa análise de balanços e de empresas pode ser equivocada ou pouco detalhada, pois, mesmo atingindo lucros, a empresa pode estar perdendo oportunidades de aplicação mais vantajosas. Os índices tradicionais ignoram esse pormenor.

Entendendo melhor o conceito, o acionista tem, em tese, duas opções para seu dinheiro: uma, é colocá-lo na empresa; a outra, investir no mercado financeiro ou qualquer outro ativo. Se ele escolher a primeira alternativa, seu dinheiro deve render, no mínimo, o mesmo que as aplicações financeiras. Para que isso ocorra, a empresa deve tornar-se cada vez mais valiosa. O EVA mede a diferença entre o lucro operacional e o custo do capital investido. Se a empresa agregou valor, o EVA será positivo. Caso contrário, será negativo, e o acionista não terá maximizado seu investimento.

Na contabilidade tradicional, o lucro operacional e o lucro líquido não consideram o custo de oportunidade do capital próprio do acionista. Assim, podem ser feitas aferições equivocadas dos investimentos, visto que uma parcela importante de custos, ou seja, o custo de capital, não é considerada na apuração do lucro líquido. Apenas as despesas de juros sobre financiamentos, derivadas de capital de terceiros, são consideradas nos demonstrativos de resultados.

Suponha que duas unidades de negócios sejam iguais, mas com demandas de capital diferentes, com recursos próprios em patamares distintos. Se os lucros líquidos contábeis forem iguais, o lucro econômico e o valor das unidades serão diferentes.

Para analisar e mensurar o valor adicionado aos acionistas, foi criado o **VBM** (*Value Based Management*) ou gestão voltada para criar valor.

O EVA é uma ferramenta gerencial para medir a saúde econômica da empresa, não é um método de gestão. O que muda o desempenho da empresa é o VBM. O valor da empresa é determinado pelos fluxos de caixa futuros descontados, e o valor é criado quando as empresas investem com retornos que excedem seu custo de capital.

O VBM leva esses conceitos mais adiante, pois trata do modo como as empresas os utilizam para tomar decisões estratégicas e operacionais. Isso se dá através da importância que o processo decisório e a alta gerência atribuem aos principais *value drivers*. O principal objetivo da empresa é fazer caixa, não lucro. Essa análise aponta diretamente para a demonstração do fluxo de caixa. Já o VBM é uma metodologia para identificar o que cria e o que destrói valor dentro da empresa. Com isso, ajuda a definir os investimentos e a racionalizar o portfólio de produtos. A empresa deve encontrar o principal indicador que influi em seu negócio. São os chamados *value drivers*. Numa empresa de tecnologia, a rapidez nas inovações e a capacidade de desenvolver novos produtos com alta aceitação no mercado são os principais indicadores.

Uma parte importante da VBM é o profundo conhecimento dos *value drivers*, pois a organização não pode atuar diretamente sobre o valor, e sim sobre os componentes que consegue influenciar, como satisfação do cliente, custos, investimentos etc.

Segundo sua fórmula matemática, o EVA é igual ao lucro operacional líquido da empresa menos o custo do capital investido. Este, por sua vez, é igual à soma do capital de giro, ativo permanente e outros ativos operacionais, multiplicada pelo custo médio ponderado de capital (custo de capital de terceiros e o próprio).

O custo do capital de terceiros é facilmente determinado por constar dos contratos de financiamento firmados. Entretanto, o custo do capital próprio requer uma base financeira bastante sólida em sua avaliação. Para tanto, caso seja de interesse do leitor, sugiro a bibliografia.

Certamente, este não é o objetivo deste livro; por isso, vamos estipular o custo do capital próprio no patamar de 12% ao ano. Esse valor é resultante da soma do IPCA próximo de 6% ao ano, além de 6% de juros da caderneta de poupança. Sendo assim, poderíamos calcular o EVA da Indústria Alvinegra derivado de seus resultados em 31 de setembro de 2009 (R$).

Lucro líquido = 2.037.487
Patrimônio líquido inicial = 13.000.000
Custo de capital próprio = 13.000.000 × 12% = 1.560.000
EVA = 2.037.487 − 1.560.000 = 477.487

Portanto, a Alvinegra, além de apresentar elevada rentabilidade sobre o patrimônio líquido, gerou um EVA positivo no final do exercício fiscal de 2009, o que indica geração de valor para os acionistas.

Finalizando, creio ser extremamente válida a utilização dos diversos mecanismos de avaliação apresentados, pois sua inter-relação proporciona uma avaliação bastante objetiva dos resultados das empresas que, nunca podemos esquecer, são advindos das estratégias e políticas gerais de preços.

12.6 Exercícios

1) Considerando os conceitos básicos desenvolvidos neste livro e escolhendo um produto ou serviço qualquer, demonstre:
   a) A metodologia atual utilizada por sua empresa para formar seus preços de venda e calcular a margem resultante.
   b) Quais deveriam ser as modificações em relação ao modelo atual?
   c) Calcule:
   Margem de contribuição nominal.
   Margem de contribuição real, considerando o custo financeiro mensal de 1% ao mês.
   Considerando um custo fixo hipotético e estendendo a margem real do produto a toda a empresa, o ponto de equilíbrio operacional.
   O *mark-up* utilizado.
   O capital de giro unitário.
   Observação: Não esqueça dos impostos associados à sua atividade.

12.7 Exercício final

Para consolidar vários conceitos vistos no livro, creio ser interessante a resolução do exercício final.

Através da planilha **Exercício final**, você poderá resolvê-lo **preenchendo os campos que não estiverem azulados, que não deverão ser alterados em hipótese alguma, sob pena de inviabilizar os resultados.**

Sua meta é atingir todos os objetivos que estão em negrito no texto, ou seja, **margem de contribuição máxima, participação de mercado, geração de caixa** e **rentabilidade sobre o patrimônio líquido.** Todos os objetivos devem ser atingidos simultaneamente. Para atingir a rentabilidade, será aceita a redução máxima de **5% nos custos fixos.**

As alterações nos custos fixos devem ser feitas na pasta **Custos fixos,** coluna **P,** digitando-se o percentual de redução previsto em relação aos valores atuais, por exemplo, –5, em qualquer rubrica que não represente subtotais ou totais.

Na pasta **Índices,** após preenchidos todos os preços, prazos e ICMS de cada produto, surgirá a rentabilidade obtida, assim como as participações de mercado atingidas.

Nas pastas dos Produtos (**A** a **F**), você deverá preencher o preço de venda estimado, de acordo com as características mercadológicas de cada um, obtendo a margem de contribuição e o capital de giro. Preencha os prazos de venda, compra e dias de estoque, de acordo com o poder de barganha de cada produto, o que é dado através de suas participações de mercado atuais e objetivadas, e seus posicionamentos estratégicos. Lembre-se de que prazo é preço; portanto, interfere na margem de contribuição.

Procure avaliar cada pasta, entendendo a repercussão para os resultados finais da empresa, a partir da modificação de cada variável.

As quantidades vendidas e suas alterações pelo fator elasticidade preço–demanda estão refletidas na pasta **Ponto de equilíbrio.** Qualquer modificação de preço real altera automaticamente o volume vendido e a respectiva participação de mercado.

No decorrer do ano, a empresa lançará os produtos E e F. Para efeitos orçamentários e de resultados, ambos participarão desde o primeiro mês do ano. O mais importante é identificar a estratégia correta de lançamento, pois delas dependerá o retorno final pretendido pelos acionistas. Agora, você é o gerente de preços e precisa decidir a melhor estratégia.

Como foi dito no início deste livro, os aspectos mercadológicos, tributários e financeiros devem estar sempre correlacionados quando se estabelece a política de preços de uma empresa. Esta é a finalidade deste exercício.

A Empresa Alimentícia A possui, atualmente, quatro produtos em sua linha, com as características apresentadas no quadro da página a seguir.

Utilizando a planilha **Exercício final**, responda às questões solicitadas, considerando:

1. As vendas são feitas do Rio de Janeiro para outros estados do Sudeste (alterar ICMS, nas células **C5,** de todos os produtos).
2. As compras de matérias-primas são feitas no Rio de Janeiro, para os produtos A e B, e em São Paulo, para os produtos C e D (alterar ICMS, nas células **C4**, de todos os produtos).
3. A empresa está enquadrada no regime de lucro real (veja a pasta **Resultados** e não altere nenhum campo).
4. O custo fixo previsto é de R$ 21.500,00/ano. Se o produto E obtiver participação de mercado superior a 5%, haverá um aumento de R$ 500.000,00 nas despesas de *marketing*, levando o custo fixo previsto para R$ 22.000,00/ano (pasta **Custos fixos**).
5. Os preços de custo das mercadorias serão sempre de R$ 10 (célula **F5** de todos os produtos).
6. O objetivo anual de rentabilidade sobre o patrimônio líquido é de 10% (pasta **Índices**, célula **C12**).
7. O patrimônio líquido é de R$ 40 milhões (pasta **Índices**, célula **B4**).
8. A máxima redução de custos fixos possível é de 5% sobre os valores previstos (pasta **Custos fixos**, coluna **P**).
9. O preço médio estimado para o produto A, quando for lançado pelos concorrentes, é de R$ 18.
10. No decorrer deste ano, a Indústria Alvinegra lançará dois novos produtos, competindo em mercados com as características mostradas na Tabela 12.2.

Tabela 12.2

Produto	E	F
Mercado atual	Duopólio (duas empresas)	Concorrência monopolista (60 empresas)
Quantidade atual (unid./mês)	1.200.000	2.500.000
Percentual de participação previsto	5	1
Ciclo de vida do mercado	Maturidade	Crescimento
Preço médio do mercado	*	R$ 15
Elasticidade do produto	2,0	2,5
Base de cálculo da elasticidade (R$/unid.)	16	15

* O produto E participará de mercado com duas empresas já consolidadas.

Os posicionamentos dessas empresas serão os seguintes: empresa líder de qualidade, com preço de R$ 17 e 70% de *share*; empresa baseada no valor, com preço de R$ 16 e 30% de *share*.

Observação: As vendas e compras de matérias-primas para E e F são feitas no Rio de Janeiro.

Apure:

1. Os preços de venda e os prazos dos produtos **A, B, C** e **D** (pastas **A, B, C, D**).
2. A margem de contribuição de cada produto e o total geral (pasta **Margens**).
3. O lucro líquido anual previsto e a rentabilidade sobre o patrimônio líquido (pastas **Resultados** e **índices**).

Exclusivamente em relação aos produtos E e F, defina:

4. Os preços e o posicionamento mercadológico que você adotaria. Por quê?
5. Os prazos de venda e os dias de estoque de cada um. Por quê?
6. Em relação a toda a linha de produtos, indique os riscos mercadológicos identificados.

   Como sugestão, verifique a pasta **Margens** e veja nas **células N20** a **N25** as margens apuradas em cada produto e as possibilidades de redução originadas pela política de preços e características de mercado.

Não há uma única resposta para o exercício. O acerto geral depende da obtenção simultânea de todos os objetivos:

- margem de contribuição;
- capital de giro;
- participação de mercado;
- rentabilidade sobre o patrimônio líquido;
- ajuste máximo nos custos fixos.

Bibliografia

AAKER, David A.; KUMAR, V. *Pesquisa de marketing*. São Paulo: Atlas, 2001.

ANDERSON, Chris. *A cauda longa*. Rio de Janeiro: Campus/Elsevier, 2006.

_____. *Grátis: o futuro dos preços*. Rio de Janeiro: Elsevier, 2009.

ASSAF, Alexandre Neto; SILVA, César Augusto Tibúrcio. *Administração do capital de giro*. São Paulo: Atlas, 1997.

ASSEF, Roberto. *Guia prático de administração financeira*. Rio de Janeiro: Elsevier, 2003.

_____. *Guia prático de formação de preços*. Rio de Janeiro: Elsevier, 2003.

ATKINSON, Banker; Kaplan, Young. *Contabilidade gerencial*. São Paulo: Atlas, 2000.

BLAMIREs, Chris. "Pricing Research." In: Esomar, Amsterdã, 1998.

CLANCY, Kevin. "Você sabe formar o preço certo?" In: *Revista Exame*, São Paulo, jun.1998.

COGAN, Samuel. *Modelos de ABC/ABM*. Rio de Janeiro: Qualitymark, 1997.

COPELAND, Tom; KOLLER, Tim; MURRIN, Jack. *Avaliação de empresas*. São Paulo: Makron Books, 2001.

CROSS, Robert G. *Revenue management: maximização de receitas. Táticas radicais para dominar o mercado*. Rio de Janeiro: Campus, 1998.

DAMODARAN, Aswath. *Avaliação de investimentos: ferramentas e técnicas para a determinação de qualquer ativo*. Rio de Janeiro: Qualitymark, 2001.

DOLAN, Robert; Simon, Hermann. *O poder dos preços: as melhores estratégias para ter lucro*. São Paulo: Futura, 1998.

FARRIS, Paul W.; BENDLE, Neil T.; PFEIFER, Philip E.; REIBSTEIN, David J. *Métricas de marketing*. Porto Alegre: Bookman, 2007.

FERGUSON, C. E. *Microeconomia*. 20. ed. Rio de Janeiro: Forense Universitária, 1999.

FIPECAFI. *Avaliação de empresas: da mensuração contábil à econômica*. São Paulo: Atlas, 2001.

GARDA, Robert A.; MARN, Michael V. "Price wars", extraído de relatório da Consultoria McKinsey, 1993.

GITMAN, Lawrence. *Princípios de administração financeira*. São Paulo: Harbra, 2002.

GUSTAFSSON, Anders; Herrmann, Andreas; Huber, Frank. *Conjoint measurement — methods and applications*. Nova York: Springer, 2001.

HAIR, Joseph F.; ANDERSON, Rolph E.; TATHAM, Ronald L.; BLACK, William C. *Análise multivariada de dados*. Porto Alegre: Bookman, 2005.

HIRSHLEIFER, Jack; HIRSHLEIFER, David. *Price theory*. 6. ed. Upper Saddle River: Prentice Hall, 1997.

KAPLAN, Robert S. *Contabilidade gerencial*. São Paulo: Atlas [s.d.].

_____.; Anderson, Steven R. *Custeio baseado em atividade e tempo*. Rio de Janeiro: Campus/Elsevier, 2007.

_____.; Cooper, Robin. *Custo e desempenho: administre seus custos para ser mais competitivo*. São Paulo: Futura, 1998.

KIM, Cham W.; Mauborgne, Renée. *A estratégia do oceano azul*. Rio de Janeiro: Elsevier, 2005.

KOTLER, Philip; Armstrong, Gary. *Princípios de marketing*. São Paulo: PHB, 1995.

_____. *Administração de marketing*. São Paulo: Person Brasil, 2000.

_____. *Marketing para o século XXI: como criar, conquistar e dominar mercados*. São Paulo: Futura, 1999.

LOVELOCK, Christopher; WIRTZ, Jochen. *Marketing de serviços: pessoas, tecnologia e resultados*. São Paulo: Prentice Hall, 2006.

MARTINS, Eliseu. *Contabilidade de custos*. São Paulo: Atlas, 2003.

MATA, José. *Economia da empresa.* Lisboa: Fundação Calouste Gulbenkian, 2002.

NAGLE, Thomas T. "Cuidado com o preço". *HSM Management,* São Paulo, jul./ago. 2000, p. 12-17.

_____. ; Holden, Reed K. *Estratégia e táticas de preço.* Upper Saddle River: Prentice Hall, 2007.

PARENTE, Juracy. *Varejo no Brasil.* São Paulo: Atlas, 2000.

PEREZ Jr., José Hernandez; OLIVEIRA, Luis Martins de; COSTA, Rogério Guedes. *Gestão estratégica de custos.* São Paulo: Atlas, 2001.

RAO, Akshay R.; BERGEN, Mark E.; DAVIS, Scott. "How to Fight a Price War." In: *Harvard Business Review,* mar./abr. 2000.

RICHERS, Raimar. *Marketing, uma visão brasileira.* São Paulo: Negócio, 2000.

_____. *Surfando as ondas do mercado.* São Paulo: RRCA, 1996.

RIES, Al; TROUT, Jack. *Posicionamento: a batalha por sua mente.* São Paulo: M. Books, 2009.

SÁ, Carlos Alexandre. *Fluxo de caixa: a visão da tesouraria e da controladoria.* São Paulo: Atlas, 2006.

SIQUEIRA, José de Oliveira; TAKAOKA, Hiroo. "Aplicação de métodos experimentais (*conjoint analysis* e autoexplicativo) para mensuração da estrutura de preferência dos compradores de tecidos de linho, de estabelecimentos da Grande São Paulo que trabalham com artigos finos." In: *Varejo competitivo.* São Paulo: Atlas, 1996. p. 140-158.

SLYWOTZKY, Adrian J.; MORRISON, David J. *A estratégia focada no lucro: desvendando os segredos da lucratividade.* Rio de Janeiro: Campus/Elsevier, 1998.

TALLURI, Kalyan T.; RYZIN, Garret J. van. *The Theory and Practice of Revenue Management.* Nova York: Springer, 2004.

Artigos e *sites* na Internet

Conjoint analysis: www.sawtoothsoftware.

Conjoint analysis: http://www.surveyanalytics.com/conjoint/

Pricing: http://www.pricingsociety.com/

Pricing: http://josemata.org/ee/

Marketing: http://www.mundodomarketing.com.br/

Revenue management: http://www.easyrms.com/

Cartão Resposta

05012 0048-7/2003-DR/RJ

Elsevier Editora Ltda

CORREIOS

ELSEVIER

SAC | 0800 026 53 40
ELSEVIER | sac@elsevier.com.br

CARTÃO RESPOSTA

Não é necessário selar

O SELO SERÁ PAGO POR

Elsevier Editora Ltda

20299-999 - Rio de Janeiro - RJ

Acreditamos que sua resposta nos ajuda a aperfeiçoar continuamente nosso trabalho para atendê-lo(la) melhor e aos outros leitores. Por favor, preencha o formulário abaixo e envie pelos correios. Agradecemos sua colaboração.

Seu Nome: _____

Sexo: ☐ Feminino ☐ Masculino   CPF: _____

Endereço: _____

E-mail: _____

Curso ou Profissão: _____

Ano/Período em que estuda: _____

Livro adquirido e autor: _____

Como ficou conhecendo este livro?

☐ Mala direta   ☐ E-mail da Elsevier
☐ Recomendação de amigo   ☐ Anúncio (onde?) _____
☐ Recomendação de seu professor?
☐ Site (qual?) _____   ☐ Resenha jornal ou revista
☐ Evento (qual?) _____   ☐ Outro (qual?) _____

Onde costuma comprar livros?

☐ Internet (qual site?) _____
☐ Livrarias ☐ Feiras e eventos ☐ Mala direta

☐ Quero receber informações e ofertas especiais sobre livros da Elsevier e Parceiros

Qual(is) o(s) conteúdo(s) de seu interesse?

Jurídico - ☐ Livros Profissionais ☐ Livros Universitários ☐ OAB ☐ Teoria Geral e Filosofia do Direito

Educação - ☐ Comportamento ☐ Desenvolvimento Sustentável ☐ Dicionários e Enciclopédias ☐ Divulgação Científica ☐ Educação Familiar
& Referência ☐ Finanças Pessoais ☐ Idiomas ☐ Interesse Geral ☐ Motivação ☐ Qualidade de Vida ☐ Sociedade e Política

Negócios - ☐ Administração/Gestão Empresarial ☐ Biografias ☐ Carreira e Liderança Empresariais ☐ E-Business
☐ Estratégia ☐ Light Business ☐ Marketing/Vendas ☐ RH/Gestão de Pessoas ☐ Tecnologia

Concursos - ☐ Administração Pública e Orçamento ☐ Ciências ☐ Contabilidade ☐ Dicas e Técnicas de Estudo
☐ Informática ☐ Jurídico Exatas ☐ Língua Estrangeira ☐ Língua Portuguesa ☐ Outros

Universitário - ☐ Administração ☐ Ciências Políticas ☐ Computação ☐ Comunicação ☐ Economia ☐ Engenharia
☐ Estatística ☐ Finanças ☐ Física ☐ História ☐ Psicologia ☐ Relações Internacionais ☐ Turismo

Áreas da Saúde - ☐ Anestesia ☐ Bioética ☐ Cardiologia ☐ Ciências Básicas ☐ Cirurgia ☐ Cirurgia Plástica ☐ Cirurgia Vascular e Endovascular
☐ Dermatologia ☐ Ecocardiologia ☐ Eletrocardiologia ☐ Emergência ☐ Enfermagem ☐ Fisioterapia ☐ Genética Médica
☐ Ginecologia e Obstetrícia ☐ Imunologia Clínica ☐ Medicina Baseada em Evidências ☐ Neurologia ☐ Odontologia ☐ Oftalmologia
☐ Ortopedia ☐ Pediatria ☐ Radiologia ☐ Terapia Intensiva ☐ Urologia ☐ Veterinária

Outras Áreas - _____

Tem algum comentário sobre este livro que deseja compartilhar conosco?

_____